Civic Work, Civic Lessons

公民参与 公民教育

——两代人对公共服务的反思

[美]托马斯·欧立希 欧内斯廷·付◎著

蒋菲 高地◎译

人民出版社

Civic Work, Civic Lessons: Two Generations Reflect on Public Service

Thomas Ehrlich & Ernestine Fu

ISBN: 978-0-7618-6127-0

Copyright © 2013 by University Press of America,®Inc.

Published by agreement with the Rowman & Littlefield Publishing Group through the Chinese Connection Agency, a division of The Yao Enterprises, LLC.

本书中文简体翻译版授权由人民出版社独家出版并在中国大陆地区销售。

未经出版者书面许可，不得以任何方式复制或发行本书的任何部分。

北京市版权局著作权合同登记号：01-2014-6681

总 序

一

问题是时代的注脚，时代是问题的集结，理论则是在思想中把握到的时代。理论对时代问题的把握与破解，折射着人类理论思维发展的高度，也推动着人类实践探索的前进和深化。马克思说："问题就是时代的口号，是它表现自己精神状态的最实际的呼声"，"一切划时代的体系的真正的内容都是由于产生这些体系的那个时期的需要而形成起来的"。

当今时代是个全球化的时代。伴随全球化的飞速发展，国与国之间的相互依存日益紧密，不同思想文化间相互激荡、彼此碰撞，中外经济文化交流不断向纵深发展。在此情况下，我们所面临的"中国问题"越发具有时代性和世界性，反过来世界经济文化发展大环境、大趋势也越来越深刻地影响着"中国进程"。中国与世界越来越成为你中有我、我中有你的"命运共同体"。正因如此，十八大以来习近平总书记从人类和谐共处、存续发展的高度先后六十多次论及"命运共同体"问题，充分展现出中国共产党人面向未来的长远眼光、博大胸襟和历史担当。

对于当代中国马克思主义理论工作者来说，我们应该深刻领会、努力学习习近平总书记直面时代问题、关切人类命运的情怀和视野，自觉从当代中国实际与全球化的时代背景出发，运用马克思主义立场、观点和方法，凝练揭示出复杂现象背后的重大时代性命题，并以理论的方式回应和破解这些命题，从而对外向世界传播"中国声音"，对内服务中国特色社会主义建设。这是当代中国马克思主义理论工作者最为根本的社会责任和最为深层的理论自觉。

思想政治教育作为马克思主义理论研究和实践传播的重要力量，也要顺应时代发展，推进自我创新。应该看到，全球化时代的到来，使思想政治教育的外部环境已经由间接点位式面向世界转变为直接全方位面向世界。更加开放的外部环境给思想政治教育提供了广阔的世界舞台，也使之面临着多元文化交融交锋交汇的严峻挑战。如何既利用好世界舞台以广泛吸收借鉴不同国家思想政治教育的经验教训，又确保我国思想政治教育建设发展的正确方向，是全球化时代思想政治教育面临的重要课题。

"文明因交流而多彩，文明因互鉴而丰富。"破解全球化时代思想政治教育问题，既要立足中国，也要面向世界，努力在中外文化的交流互鉴中打造兼具中国风格与时代特征的思想政治教育理论和实践体系，从而为建设社会主义文化强国作出新的更大贡献。为此要坚持"以我为主、学习借鉴、交流对话"。"以我为主"就是要坚持中国立场、聚焦中国问题、彰显中国价值，确保思想政治教育能够始终担负起"围绕中心、服务大局"的基本职责。"学习借鉴"就是要树立自信开放的世界眼光，按照习近平总书记关于"中国要永远做一个学习大国，不论发展到什么水平都虚心向世界各国人民学习"的要求，学习借鉴各国人民创造的优秀文明成果，特别是国外道德教育、公民教育、爱国主义教育等相关教育形式的有益经验和做法，从而了解世界、壮大自己，始终掌握中外文化交流的主动权。"对话交流"就是要以更加开放包容的姿态，积极推动中华文化走出去，加强与世界一切优秀文明成果的交流互动。总之，全球化时代的思想政治教育要在坚持社会主义意识形态立场的基础上，树立国际视野，加强对外交流，立足对中国发展的深刻把握、对时代主题的深刻理解和对马克思主义的坚守，在穿透不同文化异质中捕捉时代精神、发现价值活力，为我国思想政治教育理论研究和实践创新提供有益借鉴。这就是新时期加强比较思想政治教育的本质意涵与根源所在。

二

做好全球化时代思想政治教育工作需要加强比较思想政治教育研究，促进思想政治教育学科发展也需要加强比较思想政治教育研究。新时期思想政治教育学科发展是创新发展、科学发展与内涵发展的有机统一。其中，创新发展是动力，科学发展是原则，内涵发展是抓手，三者相互联系，共同构成新时期思想政治教育学科发展的总趋势和总要求。

"创新是引领发展的第一动力。"思想政治教育学科发展离不开对党的思想政治教育优良传统和成功经验的总结继承，也离不开结合新的时代背景与实践条件的积极创新。推动思想政治教育学科创新发展，关键在于充分调动学科内部各要素的发展潜能，通过强化学科管理、整合学科力量、优化学科体系，不断增强学科建设服务实践工作的能力和水平。与此同时，也要立足开放多元的时代背景，进一步拓宽学科视野，将学科建设放置在中外文化交流对话的历史进程和实践活动之中，不断加强比较思想政治教育，通过与国外相关教育形式的切磋比较，找准自身定位，汲取发展经验，增强思想政治教育的时代性和有效性。

科学发展的核心是全面协调可持续。然而，一门学科在建设初期由于建设任务比较繁重，往往不能平均使力，只能有所侧重，以局部突破带动整体发展。思想政治教育学科也是如此。学科初创之时我们在基础理论研究上建立了思想政治教育学原理、思想政治教育方法论、思想政治教育史与比较思想政治教育等四个主干学科领域。其中，原理、方法论、史论的建设投入力度较大、产出成果较多、发展速度较快，形成了较为完整的原理体系、方法论体系和史论体系，但比较研究相对滞后，致使其成为学科体系中较为薄弱的板块。立足全球化时代思想政治教育"面向世界、面向未来、面向现代化"的客观需要，推动学科科学发展，应该在进一步深化原理、方法和史论研究的同时，加强比较思想政治教育研究，努力形成学科建设合力，推动学科建设整体跃进、协调发展。此外，加强比较思想政治教育，也有助于增强原理研究对不同国家思想政治教育现象的解释力，提升历史研究的恢宏感，推动方法研究从局部实践经验的归纳上升为具有广泛意义的方法论指导。

经过三十多年的建设，思想政治教育学科正在从注重规模扩张的外延发展转向注重质量提升的内涵发展。破解这一问题，不仅需要研究思想政治教育的中国特色和中国经验，还要将之放在各国历史文化背景下，把握其存在发展的具体样态、历史成因和文化品格。这就需要在更为广阔的世界视野中，通过方法互动、资源汇通，透视不同国家思想政治教育现象的理论品质与实践策略的异同，从而更好地把握思想政治教育的本质和规律。

总之，顺应新时期思想政治教育学科发展趋势，促进学科建设的创新发展、科学发展与内涵发展，需要加强比较思想政治教育。

三

我国比较思想政治教育研究兴起于 20 世纪 80 年代中后期。"比较思想政治教育"名称的正式出现，是在 1988 年 6 月在广州召开的思想政治教育专业会议上。从学术研究角度第一次提出思想政治教育比较研究，并把其正式列入教材编写计划之中，是 1995 年 10 月在北京召开的开展思想政治教育比较研究会议。此次会议以课程建设为主题，讨论编写被誉为国内第一本比较思想政治教育学教材《比较思想政治教育学》（苏崇德，1995）。后来又陆续出版了多本教材，并开始设置"比较思想政治教育"方向，招收硕、博研究生。与此同时，人们用"名实之辩"解决了国外是否存在思想政治教育的问题，用"实践论"解决了不同政治制度下思想政治教育的可比性问题，使比较思想政治教育获得了广泛认可，具有了学术上的"合法性"（陈立思，2010）。

面向未来，比较思想政治教育还面临着夯实理论基础、创新研究范式、整合研究力量等任务。但一个前提性、基础性的工作就是加强学术资源的开发，特别是要拥有域外思想政治教育相关理论和实践的第一手资料。这就需要开展深入细致的文献翻译工作。然而，目前围绕国外思想政治教育（德育）理论及实践，学界虽不乏翻译力作，但成规模的译丛还不多见，还难以满足比较思想政治教育长足发展的需要。

正是从思想政治教育的时代背景和学科立场出发，我们精选国外思想政治教育相关领域较具权威性、代表性、前沿性的力作，推出了具有较高研究价值与应用价值的系列翻译作品——《思想政治教育前沿译丛》（以下简称"译丛"）。

译丛坚持"以我为主、学习借鉴、交流对话"，旨在丰富我国思想政治教育在国外译著、理论研究与实践探索等方面的学术资源，实现译著系列在学科定位、理论旨趣以及国别覆盖上的多重创新，为推动中外相关学术交流和对话提供支撑。

译丛力争选取与我国思想政治教育相关性较大、国际学术界反响较好的学术著作，既译介国外相关领域知名专家学者的扛鼎力作，也译介对这些代表人物的理论有见地、有深度的研究专著，以及对美国、日本、俄罗斯、加拿大等国相关教育形式有独特研究的代表性著作，以期为广大读者掌握国外相关领域的前沿动态提供方便。

译丛主要面向三大读者群：一是教育学、政治学、思想政治教育学等领域的理论工作者；二是教育主管部门决策者、中小学及高校一线教师、辅导员等教育工作者；三是思想政治教育、道德教育、比较教育等相关专业的本科生与研究生。

译丛在翻译过程中特别重视研判作者的价值取向和意识形态立场，努力按照国家要求和中国实际对所选书目及其内容进行甄别。但是由于作者所处国家及学术立场的限制，有些内容可能仍然并不适合于我国国情，需要读者在阅读时各取所需、为我所用，批判地吸收其中有益的成分。

杨晓慧

2015 年 5 月于东北师范大学思想政治教育研究中心

目　录

中文版序　/ 1

序　/ 1

导　论　/ 1

第一章　典范、导师和教师是公民参与的关键因素　/ 13

第二章　公民参与应服务于公众利益　/ 35

第三章　公民参与应兼顾大局与细节　/ 53

第四章　公民参与的复合性动机　/ 69

第五章　道德领导力是公民参与的必要条件　/ 84

第六章　公民参与应具有明确的目标　/ 106

第七章　公民参与本身即为回报　/ 124

未来方向：利用科学技术进行公民参与　/ 150

致　谢　/ 169

索　引　/ 170

译后记　/ 188

中文版序

首先，我们要感谢东北师范大学思想政治教育研究中心主任杨晓慧教授为此书的出版作出的巨大贡献！

2013 年夏天，本书在美国出版不久，我们在加利福尼亚与来斯坦福大学访问的两组中国客人进行了交流。一组是由一些中国大型企业的领导人组成；另一组是一些高中生，他们是从"杰出领导才能竞赛"中选拔出来的，该竞赛侧重对创业精神的考量。

最初，我们不知道中、美两国在讨论公共服务这一主题时，是否会由于两国自身的巨大差异性而产生较大的分歧。但是，与这两个团体会谈时，几乎都是从一开始，我们就意识到我们可以从中国的参与者那里学到很多，他们也会从我们这里找到有价值的知识和技能。

事实上，作为共同作者，我们很快就意识到，正是我们两个人的不同视角促成我们共同撰写此书。我们两人互为补充；中国访问者也为我们两位作者的欠缺之处做了补充。正如我们开篇所描述的那样，欧内斯廷·付现在是斯坦福大学工程学院的一名博士生，她在那里研究可再生资源。2010 年，她还是斯坦福大学的一名本科生，当时她和托马斯·欧立希刚刚开始一起共事。托马斯是目前斯坦福大学教育学院的客座教授。

欧内斯廷是华裔美国人，15 岁时，她创建了一个非营利性组织，主要为老年人和残疾人群体提供音乐欣赏。当她从高中毕业的时候，该组织已经扩大到多种乐器合奏了。步入大学之后，她不断扩大自己公共服务所涵盖的范围。

托马斯所从事的公共服务工作与欧内斯廷截然不同——自约翰·肯尼迪总统以来，他已经在美国政府中与五位总统共事了。他负责美国对外援助政策，直接为吉米·卡特总统服务，这为他提供了一个帮助发展中国家的机会，而与此同时，中国政府也正在做着同样的事情。此外，他还在三所不同的大学担任过领导职务。1985 年，作为宾夕法尼亚大学的教务长，他为庆祝上海交通大学和宾夕法尼亚大学的合作伙伴关系首次访问中国。

虽然我们都对翻译和出版我们这本书的中文译本深感荣幸，但起初我们并不清楚我们两国之间的巨大差异是否会妨碍中国读者从本书中获益。但是，当我们回顾两位合著者之间的差异时，最终发现这些担心根本没有必要，因为两国的巨大差异正是我们互相学习的根本原因。

托马斯在美国政府的不同任职当中积累了十分丰富的经验，使得他对于有效的公共服务有了更为深入的体会。而欧内斯廷在她所创立的以及后期加入的非营利性组织的工作经历中，也产生了相同的认识。这些经验教训都体现在本书七个关键章节中托马斯的部分，为本书构建了基本框架。

同样，欧内斯廷联系了来自世界各地的参与非营利性组织的青年人，他们的经历使得托马斯意识到了非营利性组织所发挥的重要的公共服务职能。此外，欧内斯廷向托马斯介绍了人们可以通过新技术增强其公共服务合作的多种途径，欧内斯廷在本书的最后一部分中对此进行了详细阐释。

我们的公共服务的背景和观点相互补充，相得益彰，这种整合与我们单独写作相比，能够给予读者更多的信息。在我们与斯坦福大学的中国来访者进行沟通和交流后，这种想法愈加强烈。

企业家都对他们的企业如何为工厂所在地的社区提供帮助深感兴趣。他们来自完全不同的文化、社会和政治背景。他们都是中国国营经济的一部分，这与作为他们合作者和竞争者的美国经济体制当中的美国大型企业不同。然而，当我们要求他们对本书作出评价时，他们的公司已经明显地参与了公共服务，这与美国许多公司所承担的社会责任完全相同。尤其令人满意的是，他们告诉我们，在我们书中所描述的公共服务经验对他们来说不仅非常有趣，还可以帮助他们加强全中国范围内公司所在地的公共服务。

许多来到斯坦福大学的中国青年已经从事了多种形式的公共服务，这些均在本书中以故事的形式加以强调和体现，我们用它来展现成功的公共服务所包含的七项关键性因素。与来自中国的企业高管不同的是，年轻人熟悉各种数字技术，他们通过这些数字技术与来自世界各地的朋友保持联络。人们渴望从欧内斯廷的经验当中学习如何使用这些新技术，从而进一步加强合作，来帮助那些身处贫穷地区和偏远地区的需要帮助的人。

想要将本书中的全部内容直接嫁接到中国的公共服务当中，我们不会忽略两国之间巨大的差异对两国公共服务的各个维度产生的影响。但我们认为，即使我们在本书中所提出的重要的经验教训在两国公共服务的应用过程中会有很大差别，它们对中国和美国而言都同等重要。

希望本书可以增强中美两国的联系，使两国在促进公共服务，造福世界人民这一伟大事业中共同发挥作用。由于新技术的出现，整个世界变得越来越小，这种现实情况使得这样的合作比以往任何时候都更加可行。与此同时，由于地球的资源面临着枯竭，通力合作的需求史无前例，以确保有限的资源可以得到合理的利用。

我们希望书中所倡导的多种形式的公共服务可以推动公民参与。我们也希望这两个伟大国家的人民可以像我们两位合著者撰写本书时相互学习一样，能够相互学习，共同进步。

托马斯·欧力希　欧内斯廷·付

2014 年 4 月于加州

序

阿索卡① 首席执行官比尔·德雷顿

在小学阶段，我无法理解自己为何必须受尽折磨，去学习拉丁语和数学两门课程，也想象不出为何会对在足球比赛中被人强硬推撞而痴狂。然而，我对世界如何运行这一问题着迷不已，我喜欢创业，特别是喜欢办报纸。

有一次，我储蓄足够的钱购买了一台滚筒油印机（从而摆脱了必须用尽全力打字的苦差，并且保证了每版可以印刷五次），从此我无法停止办报事业。我创办的报纸逐渐增加到了 30 页，后来又变成 50 页，它已经走出了校园，因此我需要更多的广告商。虽然这并不意味着我一直是一名恪尽职守的合格学生，但是很显然我所做的事情很有意义。

许多年后，我的母亲去世了。我发现了她和我小学校长之间的通信。她很担心为什么一个五年级的学生既不在学校也不在家里接受教育。校长耐心地劝导每一个人要相信我，并且不要表现出很为我着急的样子。感谢他！回想起来，就像托马斯·欧立希和欧内斯廷·付早期受益于优秀的导

---

① 阿索卡（Ashoka：innovators for the public），指一个培育社会企业家的国际组织，力图为当今最紧迫的社会问题提供解决方案，其自我定位是培养公共事业的革新者，分支机构遍及南北美洲、欧洲、亚洲、非洲和中东地区，共有包括中国、美国、巴西、以色列、英国、南非等在内的 36 个加盟国家。——译者注

师一样（第一章），我明白这个隐形的指导行为就像是一条魔毯，它开启了我时刻准备奉献的、永不畏惧的人生。本书的每一个章节中，托马斯和欧内斯廷都用生动的故事指导和鼓舞年轻人，在改变世界的道路上勇往直前。

一个曾经通过拥有梦想、组建团队来改变生活的年轻人，也一定具有通过有意义的行为来表达爱与尊重的能力。幸福、健康与长寿是人生中最重要的事情，与之相比其他事情都一文不值。拥有幸福、健康和长寿，人们将会成为生活的改造者，每次成功都会带来巨大的满足感，成功也将接踵而至。每一份新的事业都会提升人们改造世界的技能，坚定人们的信心。一旦你知道你可以改变世界，没有人能够剥夺你的力量。当人们听到欧内斯廷描述她在 15 岁时创办视觉艺术与音乐协会，以及该组织在她生命中的重要性时，会深深地感受到这种力量。

我们知道这意味着什么。在 3000 多位阿索卡机构的知名社会企业家中，有 80% 以上在十几岁时就开始创业，这种现象绝非偶然。正如托马斯所为，这些人中有一半以上的企业家已经改变了国家政策，四分之三的企业家在公司成立的五年之内，在国家层面上改变了所在领域的固有模式。

如果一个人想成为一位伟大的社会企业家，他越早下定决心改变世界，效果就越好，这是一个不变的真理。但现在不同的是，在当今社会中，每一个儿童、每一位青年都必须掌握改变世界的那些复杂且重要的技巧，并且在 21 岁之前就必须明确，他们中的每一个人都是世界的改造者。这里所提及的每一个人，并不仅指精英团队中的每一个人，他们在几十年以前就做到这一点了，而是包括社会中的每一名公民。

我们为什么需要迅速作出基本的改变呢？这是一个简单的数学事实：在过去至少三个世纪里，变化比率一直在持续提高。

这个关键的历史事实证明，人类现有的行为方式与获得成功的社会技能正在迅速地遭遇全面失败。美国最大企业的破产率已经在 40 年内持续增长。随着 20%—70% 处于最底层、没有革新能力的社会需求的崩溃，全球收入分配差距也在逐步加剧，即使对于为数不多的具有良好变革能力的社会而言，也仍然存在着紧急的竞购战。当加速的变化和复杂形势使旧的规则和惩罚制度越来越失去效用时，腐败现象也日益猖獗。

世界上总是存在着变化，至少是发展中的变化。五万年以来，人类跨越红海海口，随着人类的进化，人们逐渐学会了合作。后来随着智人离开非洲，他们至多也只能组织起100人至150人的群体。但在当今世界，我们不仅有人口多达十亿的国家，还有一个庞大的万维网。

然而从人类生命的视角来看，变化的速度较慢且具有偶发性，还不足以成为焦点。各组织机构仍然不断重复地以效率作为自己的目标，好似工厂的流水线，亦如（按照既定套路处理法律问题的）律师事务所。这表明有些人还在教导其他人怎样像时钟一样周而复始地重复工作。人类所设计的教育体系就是为了适应这种工作方式。

然而在当今世界，随着变化率持续加速增长，世界正在转向一个完全相反的运行模式。一千多年以来，社会的各组成部分互相配合，重复性的工作也在不断强化。但是现在每一个组成部分都在变化，并且冲击着与之相联系的其他社会组成部分，当变化波及每一个社会组织时，就会产生全社会范围内的变革，并且这种变革将不断加速。

如今为了生存，每一个组织都必须是开放的、富于变化的、团队的组成部分。"开放"是因为大多数观念和资源都来源于外部。"富于变化"是因为客户是一个充满各种变化元素的万花筒，成功也要求每一个个体都能在不断变化的团队中同心协力。"团队"是因为每个组织都需要其每一位成员既能够寻找服务的机会，又有能力作出改变。

在当今世界，没有任何团队会雇佣没有变革能力的成员。如今儿童必须了解和实践高水平的认知移情。任何一个做不到这一点的人会很快残忍地被边缘化。

为什么会这样呢？因为当变化越来越快，现有的规则所能掌控的就越来越少。所需的规则要么还未出现，要么处于矛盾之中。无论一个人如何努力去遵守规则，缺少了移情，他们将会伤害别人、干扰团队，这样的人将很快被团队所抛弃。

随着大脑的发育，儿童成长为青年人。在 12 岁左右，他们必须成为变革者，并将四个关键技能付诸实践：移情、团队合作、新式的领导力、变革。这就是我创办的报纸和欧内斯廷创立的艺术服务组织非常重要的原因，本书将会帮助你们规划如何做到这点。但最终，只有着手改变世界，才能真正成为一名变革者。

我们可以清晰地看到周围新世界的新阵地，在这个新世界中，他们可能表现为耶稣会、谷歌、硅谷，以及 33 年来社会企业的出现和爆发式增长。

一旦我们顺利度过这场混乱的变革，一个从未有过的新世界就会呈现在我们面前：

如果每一名公民都是聪敏、细心的变革者，就绝对不会有解决不了的问题。

如果每一名公民既受以移情为基础的伦理学引导，又接受强大变革者的指引，我们就会从根本上建立一个更加平等、更加公正的社会。

每一个人（不是只有 1%），都会用实际行动作出贡献、表达情感和尊重——这也是获得幸福和安宁的终极灵药。

这一切的根本都依赖于我们建立一个以移情为基础的高水平的道德观。没有这种道德观，就无从探讨团队合作、新的领导力和变革；没有这种道德观，人们将会被社会所抛弃，社会的功能也将丧失殆尽。

受到上述观念的指引，人类社会正飞速且不可逆转地进入漫长历史发展中的下一个阶段，这使得人类社会变得更加独立，也更加社会化。

我们每个人都必须成为社会的变革者。为实现这一目标，托马斯·欧立希和欧内斯廷·付提出了明智的忠告和建议。

导　论

年龄相差 57 岁的合著者

　　托马斯·欧立希和欧内斯廷·付在年龄上相差 57 岁。人们有理由质疑我们为什么会想到合作完成这样一本书。本书的宗旨在于吸引各个年龄段读者的兴趣，特别是针对那些年轻人，他们乐于将他们的时间和才能奉献给社区中有需要的人。这一"社区"既可以指本地的社区，还可以扩展至本州、本国或国际的范围。

　　最初撰写本书是因为托马斯想要记录下他因公共服务而充实的一生。他将公共服务同时作为自己的主业和副业，并且希望以此书鼓励年轻人积极地进行公民参与。托马斯曾经写过一份粗略的手稿来讲述他的故事，但是评论者们清晰地认识到，如果不添加青年公民参与积极分子的经验，这份书稿将很难达到鼓励年轻人进行公民参与的目的。幸运的是托马斯遇到了欧内斯廷，一名来自斯坦福大学的本科生，她具备了托马斯所倡导的品质。欧内斯廷为他们的合作带来了她在公民参与实践中的丰富经验，本书将详细介绍她的公民参与经历，以及一些她所熟悉的积极参与公民项目的年轻人对于公民参与的见解。

　　公民参与目标是欧内斯廷和托马斯共同关心的主题，本书源起于他们对这一主题的长期交流。我们认为民主要求各年龄段、各行各业的公民带着决心、同情、对他人尊重和谦逊的态度，去追寻自己的公民参与之路。接下来的章节突出了我们所强调的七个关键问题，这些关键问题对于提升公民参与目标至关重要。每一章节分为两个部分，分别由托马斯和欧内斯廷撰写，最后一部分聚焦于利用科技力量促进公民参与的新途径。

托马斯所从事的大部分公民参与实践都与其政府部门公共政策的任职有关；欧内斯廷的公民参与实践始于她自己创办的一个旨在为社会企业提供资金帮助的非营利性组织，并且她还广泛地投身于其他公民组织中。尽管我们选择了不同的道路，这体现了我们兴趣爱好的不同和年龄上的差异，但我们对公民参与的热情十分相近。我们都把公民参与当作自我认同乃至人之为人的一部分。公民参与使我们感受到一种联系，一种高于自我的、与周围世界的联系。如果我们没有投身于公共服务事业，就不会有这种感受。当我们不时地投身于新的公民参与实践、为了做自己认为正确的事而离开其他人时，投身于公共服务的感召一直伴随着我们。对于这种感召，我们都有自己的回应方式。我们坚信，任何年龄段的人都会像我们一样，在公民参与实践中收获巨大的满足感。

公民参与可以采取多种不同的形式。一些公民参与主要聚焦于帮助他人满足对于食品、医疗、教育等的基本需求；而这些基本需求的满足，亦是人们本应得到的。我们从未把这种实践当作"慈善事业"，而是当作与他人的合作，因为我们的付出不仅帮助了他人，也充实了自我，给我们带来满足感、成就感，帮助我们建立与周围世界的联系。一些公民参与实践是兼职形式的，可以与本职工作同时进行。欧内斯廷的公民参与实践就自然而然地选择了这种方式，因为她至今仍是一个全日制的学生。但托马斯的许多公民参与实践是全职的，主要体现于他在联邦政府的任职中，同时他也兼职参与了许多非营利性公民组织的工作。我们两人的不同经历以及那些我们在公民参与实践中接触到的其他人的相关经历，共同为本书的撰写奠定了基础；书中归纳的经验和教训也源于这些经历。希望我们的读者，特别是青年及其指导者，可以从书中的事例中汲取智慧，来鼓舞他们找到自己对于公民参与的热情，并将这种热情转化为实际的公民参与行动。

首先，我们应该分别介绍一下自己。

托马斯

那是 1963 年的秋天，在华盛顿特区国务院土褐色的礼堂里，挤满了那些被委以重任的"高级官员"。尽管那时我只有 29 岁，但是作为副国务卿乔治·W. 鲍尔的特别助理，我还是很幸运地成为了他们中的一员。

当约翰·F. 肯尼迪总统步入房间，走上讲台时，我们全体起立致敬。我已经记不清楚他那天讲话的具体内容，但是我真切地记得他在开场的时候因为我们的公民参与实践而向我们致谢，此后又生动地阐述了公民参与的重要意义。当听到他的这些评价时，我感觉他是在直接和我讲话，觉得自己瞬间高大了起来。

我曾经是肯尼迪政府的一员，并且在随后的约翰逊总统、福特总统、卡特总统和克林顿总统政府中仍有任职，这在某种程度上是由于我曾被肯尼迪总统所鼓舞，他号召我和像我一样的人不断追问自己："不是国家可以为你做什么，而是你可以为国家做什么"。从那时起，我开始更为深刻地认识到公民参与的价值：它对于从事公民参与事业的那些人的价值绝不亚于其对国家及其公民的价值。同时我开始意识到，不论人们是否将公民参与当作自己的事业，或者是否通过成为社区公共事务的领导者，将公民参与作为自己的副业，公民教育对于全体公民都具有非常重要的意义。我懂得了公民知识、公民技能和公民品性能够并且应该成为教学内容，这也是美国民主制度得以正常运行的根本保证。

我对公共服务的了解始于第二次世界大战之初。那时我 8 岁，我的父亲加入了联邦政府的物价管理局，因此我们举家迁至华盛顿特区。当时我并不十分理解父亲的工作——帮助阻止由于紧缺商品用于支援战争而可能引发的哄抬物价行为。但是我知道他是美国及其盟国广大民众中的一员，他们正在保卫我们的自由。写至此处，我不禁抬起头来端详一张战争时期的海报。这张海报出自我叔叔之手，他作为一名国家公务人员，穷其一生

xiv

帮助美国民众了解我们当时为何而战。海报上写道："我们的世界不可能是奴役和自由各居其半，为自由而战！"

在我成长的时代里，大多数美国人都有着强烈的公民责任感。那个时代的成年人经历过罗斯福新政和第二次世界大战，他们认识到了公民参与对保护他们人身和财产安全的重要意义。在那个时期，几乎所有人都经历过牺牲：很多人都有二战期间军队服役的经历，每个人都认识一些本人或亲属战死沙场的人。战争激励着公民去支援祖国，并且接受食品、燃料等日常生活必需品的限量供给。与此同时，那时的美国人普遍认为，他们有责任参与其中，使民主制度良好运转，这也是我和欧内斯廷在本书中所指的公民参与。

正如下文中所描述的那样，我曾经十分幸运地接受过一些杰出导师的指引，他们是诸多公民参与领域的典范。我也十分荣幸地在一些政府部门任职和兼职，并且投身于从事公民参与的非营利性组织。然而，写下这些字句的时候，我已经78岁了，在这样的年龄撰写本书来描述职业挑战和职业选择时，我往往容易忽略全局中的两个关键性维度。一个是那些我曾经申请过，但未被录用的职位。在过去的五十多年里，我曾经尝试申请过许多公共服务工作，如果能够被录用，我可能会做得很好，那么我个人和我的家庭的人生轨迹将会有很大的不同。有几次当我落选时，我有一种挫败感。现在，回想过去我发现，当一扇门在你面前关闭，不久之后将会有另一扇门在你面前打开。通常情况下，另一扇门的开启需要自己和他人的共同努力。例如在20世纪70年代末，我非常渴望直接为卡特总统工作，但在几个这样职位的竞争中，我均没有被选中。然而随后，一位我十余年的密友，时任副国务卿的沃伦·克里斯托弗举荐我担任一个新机构的负责人，负责制定美国双边及多边对外援助政策，并直接向卡特总统汇报。

第二个维度是我的家人和朋友，这是更为重要的因素。我人生最大的幸福就是娶到我的妻子艾伦。在共同经历的55年人生历程中，我们彼此都投身于公民参与实践当中，并且我从她的见解中收获良多。我们在大学时代相遇，艾伦是一名来自拉德克利夫学院（Radciffe College）的学生，而我当时则在哈佛读书。那时候，拉德克利夫学院和哈佛大学是两所独立的学校，但是学生们在一起上课。我们都是 1956 级学生，并且都主修政府专业（Government major）。大三时我们开始约会，大四时就已经有了明确的结婚计划。从拉德克利夫学院毕业后，为了维持生活，艾伦先是担任助理研究员，后来成为一名五年级的老师。当我们的三个孩子非常小的时候，她全身心地专职照顾孩子，但是在随后的岁月里，她也曾经作为资金筹集人，为许多项目募集资金，如乔治城大学（Georgetown University）的某项规划、华盛顿的国家肖像画廊（National Portrait Gallery in Washington）和费城的生育计划组织（Planned Parenthood）① 等。她曾经担任拉德克利夫学院的理事以及"能力联盟"（Abilities United）的董事会成员，同时她还是该联盟中积极的志愿者。"能力联盟"位于加州的帕罗奥托市，其宗旨在于帮助残障人士。当我和艾伦搬到印第安纳州后，她成为一名非凡且极其活跃的公民事务领袖。她在印第安纳大学布卢明顿分校（Indiana University Bloomington）主持了该县的联合劝募协会（the United Way），作为一名永不知疲倦的支持者，拥护承担此类职能的公民组织。这一工作使她得以当选为联邦理事会（American Board of Governors）旗下联合劝募协会成员。在她的协助指导下，这一组织渡过了历史上最艰难的时期。当我们离开印第安纳大学的时候，该大学的理事给予艾伦前所未有的认可，授予她荣誉学位并且表彰她是"在公共服务中提升社区生活的杰出榜样"，一个"用自己的热忱、能量和温情点亮了无数生命"的人。由于我掌握自己亲身经历的第一手资料，本书中的绝大多数内容都来源于我的亲身经历，而非艾伦的经历。但艾伦也有很多关于公民参与实践的亲身经历和非凡故事，我为她感到骄傲。

　　生活在我那个时代的人永远也想象不到有些事在最近几十年里变得

---

① Planned Parenthood 是一家大型的性健康与生育卫生机构。——译者注

司空见惯：政客们会为了获得总统职位或国会席位而竭力进行反对当前政府的竞选运动。但是，我们通过亲身经历或者至少也从父母那里得知，国家的未来完全依赖于联邦政府保护公民的能力和公民支持政府的意愿。无论是在军队服役还是参与日常的公民服务实践，公民参与都应该被视为高尚的行为。

在过去的五十载，我曾经承担过 6 份政府部门的全职工作——马萨诸塞州长福斯特·弗克洛的演说稿撰写人；美国联邦第二巡回上诉法院（the U. S. Second Circuit Court of Appeals）利恩德·汉德法官的法律助理；在肯尼迪总统和约翰逊总统政府中担任国务院法律顾问亚布拉姆·蔡斯的特别助理；在约翰逊总统政府中担任副国务卿乔治·W. 鲍尔的特别助理；经国会核准的法律服务公司主席，先后隶属于福特总统和卡特总统任命的理事会；参议院任命的国家国际发展与合作部（International Development Cooperation Agency）主任，直接听命于卡特总统。

我其余的全职职业生涯则都在大学里度过。我早年曾在斯坦福大学担任过教师和管理者，在那里我起初是一名教授，之后被任命为法学院院长。后来，我在宾夕法尼亚大学担任教务长。因为我想努力解决公众获取高等教育和提高教育质量这两大问题，我主动要求从宾夕法尼亚大学调任到印第安纳大学这一公立学府工作。

在兼职方面，我亦曾在联邦政府担任过许多职务。首次经历始于我在哈佛大学读本科期间，从那时起，我在美国预备役部队服役 6 年。很多年以后，我由卡特总统任命供职于军事赔偿委员会（Commission on Military Compensation），主要负责修订军队退休规划。此外，我还经乔治·W. 布什总统任命，任职于国家与社区服务委员会（Commission on National and Community Service），并且在后来担任该委员会的主席。后来，我被克林顿总统两次任命为该委员会接续机构——国家和社区服务公司（Corporation on National and Community Service）的理事会主席。上述这些任职都需要获得美国参议院的准许。

正如我和欧内斯廷所指出的，在本书中，我们对于公民参与的界定既包括与非营利性组织的协作，也包括在政府部门任职。当我在斯坦福大学担任法学院院长、在宾夕法尼亚大学担任教务长、在印第安纳大学担任校长的同时，我还任职于许多国家教育机构的理事会。这些任职经历给予了我一个服务高等教育和社会大众的机会，同时还帮助我成为一名更出色的管理者。我还担任贝内特学院（Bennett College）理事（该校历史上曾为黑人女子学校）、宾夕法尼亚大学理事、密尔斯学院（Mills College）理事，以及多个高等教育机构的主席。

最令我满意的组织是"校园联盟"（Campus Compact）。如今，它的成员包含 1200 余所高校的校长，其分支机构遍及美国 34 个州。这个组织在我的导师约翰·W. 加德纳的帮助下成立，旨在鼓励大学生在他们所在的社区中志愿进行公民参与实践。我的女儿伊丽莎白是该联盟的首批职员之一，她使我认识到，大学校长宣传公共服务，促进学生公民参与是极其重要的。

欧内斯廷

10 岁那年，我的钱包里就塞满了我自制的名片。在这厚厚的一沓名片中，有我和姐姐的一张合影，这张照片经常勾起我五味杂陈的回忆。在照片中，我们穿着相同的蓝条纹衬衫和白色牛仔短裤，拥抱着彼此。这是一张充满爱意的照片，但是在以前这种场景却并不多见。像许多姐妹一样，我和克里丝汀娜经常争吵，不论是由于谁击打网球更用力还是由于谁算乘法更快，我们两人都吹毛求疵又争强好胜，为了得到奖励和认可，不断地互相竞争。当克里丝汀娜被诊断出患有抑郁症时，我们的竞争突然被迫中止了。尽管我们时有争吵，但是我仍然深深地爱着我的姐姐。虽然已经有医生、心理学家、导师一直在帮助她，她也同时配合各种药物治疗，我还是不停地问自己："我能为她做些什么？"

我开始鼓励她和我一起演奏长笛，并渐渐地发现我们在音乐上的共同爱好起到了一定的疗效。我们从"笛子二重奏选集"（Selected Duets for Flutes）开始，而后不断增加难度，演奏弗里德里希·库劳"三首大二重协奏曲"（Three Duos Brilliants）中的高级别的曲目。起初，我们俩的演奏配合得不是特别协调，但是经过日复一日的练习和沟通，我们的配合越来越默契，演奏也越来越流畅。我们俩也从不断竞争的姐妹转变成为融洽的团队——两姐妹演奏出相同的乐曲。

在去医院探望姐姐时我开始逐渐意识到，即便是在我的同龄人当中或者我所生活的社区之中，也有许多像她一样饱受疾病之苦的人。此情此景以及对这一问题的思考，成为鼓舞我决心进行公民参与的重要因素。我希望可以把笛子二重奏在我们身上产生的神奇作用带给其他的人，同时帮助克里丝汀娜树立一种责任感——她有理由活下去，而不仅仅是一个"需要别人照顾的人"。

在克里丝汀娜的协助下，我成立了一个非营利性的组织，与大家分享音乐的力量。通过成立"视觉艺术与音乐协会"（Visual Arts and Music for Society），我在学校鼓励那些有艺术特长和音乐特长的同学，发挥他们的才能组织各种活动，去帮助那些有需要的人。我们的观众包括受虐妇女、无家可归者、孤儿和老年人。随着组织的迅速壮大，社区里的这些人成为我生命中的一部分。与直接向慈善机构捐款不同，这种方式同我当初帮助姐姐一样，允许我和那些需要帮助的人建立一对一的联系。我接触过很多人，包括很多被各种精神和肉体疾病所折磨的陌生人，这些我所帮助过的陌生人反过来也塑造了今天的我。正如我试图使乐团变为他们生活中充满魅力的部分，那些我所帮助过的人也开阔了我的眼界，带给我一种更深层次的满足感，这种满足感远远超越了以往获得各种奖励所能带给我的。

初次的公民参与体验促使我投身于一系列其他的公民参与实践，在那里我遇到了很多来自全国各地的青年人。大学入学前的那个夏天，我加入了一个国家级委员会，该委员会负责将企业所捐善款分配给青年人，用以资助他们的公民参与实践。在此期间，我亲眼目睹了一个私人企业是如何缓解社会问题的。当我了解了私营部门可以对公共部门产生积极影响的诸多方法，并被其所鼓舞时，我不曾想象过自己有朝一日也会参与到私营部门的日常运行中。

2008 年发生了全球性的金融危机，随后便进入了全球经济的衰退时期。2009 年，我的父亲被摩根大通银行解聘。他曾经作为一名电脑工程师工作了 20 年，最初是在大西银行，直到它被华盛顿互惠银行收购，后来又被并入摩根大通银行。我当时正在寻找一份工作，以支付我在斯坦福大学读书的费用。也就是在那时，我完全沉浸于斯坦福大学周围的硅谷创业文化中。我加入了一家风险投资公司，不到两个月就确定了第一笔投资。我说服了我的合伙人为一个新成立的科技公司投资，然后和一位来自硅谷顶尖律师事务所的律师合作，与这家公司的企业家们谈判。这是一个漫长而艰难的过程，这项投资启动时我 19 岁，历时一年。这段经历激发了我对于私企的强烈兴趣，它们何以能够迅速利用前沿科研成果配置新技术，提升社会生活质量。从投资经历中所习得的技能和洞察力，以及后期在公司所获得的工作经验，也使我更有能力进行有效的公民参与实践。我获得的大部分知识还可以直接应用于社会创业，或从更广义上说，可以应用于一系列不同类型的公民参与实践。

公共服务的召唤引领我进入斯坦福大学工程学院，学习和了解全球环境所面临的挑战。我考察了某沿海地区基础设施适应海平面上升能力的问题，这里的海平面上升是由气候变化和满足日常需求的能源技术所引起的。作为学生代表和学校土地与建筑委员会（Committee on Land and Buildings）成员之一，我加入了斯坦福大学理事会（Stanford's Board of Trustees），得到了将所学知识付诸实践的机会。在斯坦福大学土地与建筑委员会，学校建筑的可持续性是我们决策的关键内容。除此之外，我还管理学生会中的学生服务部（Student Services Division），主要负责重振一个已经名存实亡的服务部门，该部门承担着监督当地环境可持续发展以及为当地青少年提供学习辅导的职能。我在这些不同形式的公民参与实践中获得了巨大的满足感。

当然，公民参与也面临着种种挑战。例如我创办的非营利性组织，成立之初进展非常缓慢。在我和他人的共同出资下，该组织在我就读的高中进行了第一场演出，这一活动标志其正式成立。我作为主席，负责监管它的日常活动，践行它的承诺。我们的第一次会议只有六名学生参加。我曾经无数次认为，我们的俱乐部不会实现预期目标。然而有很多人支持我，帮助我将这个非营利性组织不断发展壮大。例如，我的好朋友嘉思明·斯克莱登，她不仅按时参加每一次会议，还为组织建立了网站。还有很多人帮我广泛招募志愿者，填写大量表格来完成政府对于我们这个非营利性组织的认定，这些都锻炼了我的领导能力。这样的经历使我第一次认识到，无论是营利性组织还是非营利性组织，杰出的导师与积极的支持者都会对一个组织取得成功发挥巨大的作用。在本书的第一章中我会提到一些帮助过我的杰出导师。

在托马斯成长的年代里，大多数美国人都拥有强烈的公民责任感；而我成长在网络和数字媒体的繁荣时期，科技从根本上改变了我们在公民参与中沟通和互动的方式，我们会在本书的最后一部分集中讨论这一问题。我曾使用新技术与全世界几十个青年公民领袖取得联系。在撰写本书关于我的部分时，我便自然而然地介绍了他们的故事。托马斯和我一起采访了他们，我们尽全力最精确地重现他们的那些经历。这些曾经与我在公民参与实践中合作过的朋友，都是睿智且充满激情的领袖。我希望他们的事迹可以鼓舞其他年轻人加入到公民参与的实践中来。

托马斯与欧内斯廷

欧内斯廷在本书七个章节中所阐述的公民参与多数都与非营利性组织相关，这些组织与她曾经创立过的非营利性组织十分类似。托马斯的论述则更关注公共服务，这与他多年的联邦政府工作经验有关。这种区别是自然而然的，因为我们在本书中所展现的是我们各自不同的经历，以及我们分别熟知的人的经历。

　　然而我们都坚信，社会迫切需要公民参与，尤其是年轻人在私营和公共部门的公民参与实践，这种需要可能比以往任何时候都更为强烈。2000 年，哈佛大学的罗伯特·帕特南（Robert Putnam）教授出版了学术专著《独自打保龄球：美国社区的衰落与复兴》（*Bowling Along: The Collapse and Revival of American Community*）。帕特南认为，从公民组织的角度来看，美国人表现得越来越彼此疏离，而历史上公民组织曾将他们非常紧密地联系在一起。他还指出，自第二次世界大战以来，美国民众的政治参与在持续下降。这一结论来自对于选举和其他党派活动等传统活动的调研，其中党派活动主要包括如托马斯所从事的参加政治集会、为政党工作等。帕特南同时还注意到，与公共政策相关的公共参与行为，例如参 xxi加公众会议、为报刊杂志投稿等也在持续下降。他强调，美国社会结构关系的紧张和社会资本的流失在年轻人当中尤为严重。这一切都表明，美国社会公民参与的健康程度正在不断减弱。

　　在随后的几年里，就政治和公共政策参与而言，局面并未发生很大变化。青年人的政治参与虽然仍不及他们的长辈，但也在缓慢增长。同时，我们也注意到，青年人中有一种日益增强的意愿——付出时间、精力和自己的存款，以此来推动成千上万个由青年人自己领导的公民组织的发展。欧内斯廷在十几岁时所创建的公民组织就是这样的机构。

　　我们期盼看到这种青年人的力量不断发展壮大，同时我们也希望他们可以更加关心政治与公共政策领域，正如我们期盼看到政治和公共政策领域能够从青年人的公民参与实践中汲取营养一样。如果我们的民主制度要蓬勃发展，青年就必须更为活跃地参与公共事务，学会运用数字媒体和其他新技术，我们会在最后一部分扼要地说明这一问题。

　　每一代人都会在破解自己时代命题的进程中重塑美国公民社会。虽然青年及其指导者并不是我们这本书的唯一受众，但是美国的未来依赖于我们的青年一代，所以他们是本书的主要关注对象。当代美国青年正面临着来自国内外极其严峻的挑战，我们坚信青年的公民参与实践可以应对这一挑战。我们作出这一判断的基础是，每个人都可以为满足国家的需求提供一个独特的视角：与以往任何一个时期相比，国家都应该更为广泛、明智地推动青年人的公民参与。希望我们两代人之间跨越年龄段的观点可以为青年及其指导者提供有益的启示。

第一章 典范、导师和教师是公民 参与的关键因素

托马斯和欧内斯廷

我们先从导师和教师的重要性着手，是因为他们在鼓励公民参与——尤其是年轻人公民参与——的过程中，往往起到重要作用。父母通常是孩子最初的、也是最重要的导师和教师。本章接下来所讲述的托马斯的亲身经历，就是一个十分典型的例子。祖父母同父母一样，也能扮演类似的角色。每个人都会成为父母或祖父母，因此，读者们应该特别记住这一事实：孩子们总是会留意并学习成人的言行举止。

以看起来很简单的诚信问题为例。在我们的日常生活中，家长常以恶小而为之，这些"小恶"在他们的孩子身上也会时常表现出来。去看电影时，父母可能会为了省钱而告诉售票员，孩子只有 11 岁。更常见的是，他们会违规驾车，超速行驶。举这两个例子，我们不是要求任何人在一生中绝对遵纪守法，从不打破道德界限；而是提醒成年人应该牢记于心：成年人时常告诫儿童要遵循大人的行为方式，却容易忽视其不当行为对儿童造成的负面影响。如果儿童习惯了长辈们"照我说的做，别做我做的"的态度，就会对学校和其他人在教育上的努力产生破坏性的后果。关键在于教导儿童，无论在工作、学校、个人关系还是日常生活中，正直都必须是个人行为的基本准则。

13

　　树立典范也是学习公民参与的最佳方式。父母和祖父母往往是最好的榜样。然而，在许多公民领袖的家庭中，并没有相应的典范可供学习，他们没有得益于长辈的教育，这不一定是学会公民参与的阻碍。幸运的年轻人，可能会遇到一位能够成为自己导师的老师。正如本章所阐述的，托马斯在法学院读书时就幸运地遇到了亚布拉姆·蔡斯教授。他不仅邀请托马斯担任自己在肯尼迪政府的特别助理，后来还成为托马斯人生中的杰出导师。至于欧内斯廷，则在她高中时期遇到的一位老师克里斯·罗德里格斯身上获益良多。虽然她当时并不认识这名教师，她还是主动向罗德里格斯先生寻求帮助。正如欧内斯廷在本章她的部分中所讲述的，罗德里格斯先生在她创办的有关公民参与的非营利性组织中有着举足轻重的影响。同样地，托马斯在本书的后续章节也指出，如果他没有先去拜访副国务卿乔治·怀尔德曼·鲍尔，并且毛遂自荐，他后来也不会受益于鲍尔先生的指导。如果欧内斯廷不去接触风险投资公司的合伙人，那么她将永远不会获得与他们共事的机会。在那家公司的工作经历，让她对来自各行各业、形形色色的人有了感同身受的理解，并为她后来迅速建立大型组织积累了丰富的经验。如果没有那段经历，她就不会有这样的优势。

　　下文中的故事旨在说明这样的道理：公民参与的教师和导师会以父母、老师或其他身份不请自来，存在于我们的生活中。当然，我们还可以主动出击，去接触那些因优秀品质和卓越贡献而令我们崇敬的人。事实证明，即使他们看上去与公民参与没有直接联系，也同样可以成为我们在公民参与的漫漫征途中的榜样。

托马斯

3

　　母亲是我的第一个典范，也是我的首位教师，以她为榜样，我开始从事公民参与。她在宾夕法尼亚大学和麻省理工大学接受培训，以期成为一名建筑师。但是，她毕业于经济大萧条时期，缺乏这方面的工作机会，尤其是对女性建筑师而言更是如此。于是，我母亲去了哈佛大学的福格艺术博物馆（Fogg Art Museum）工作。在那里，她自学成为纸质文物的修复人员，成了一名鉴别艺术赝品的专家。她在该领域取得的标志性成就是，修复意大利文艺复兴时期艺术家波拉约罗（Pollaiuolo）的著名作品《裸体者之战》（Battle of the Nudes）。这幅版画是由一位声名显赫、以自己的艺术功底为傲的捐助者捐赠给博物馆的。当我母亲清理、修复这幅版画时，发现它是赝品。尽管可以预见到可能会激怒那个被赝品糊弄的捐助者，她还是将这一判断公布于众。结果，她冒着失去博物馆工作的风险，赢得了纸质文物修复和赝品鉴定顶级专家的荣誉。

第二次世界大战期间，《独立宣言》的原件由华盛顿特区的国家档案馆转移到了国家金库所在地田纳西州诺克斯堡。1943 年的一天，负责看管《独立宣言》的人注意到文件出现一个裂痕。他们立刻开始担心，美国民众会将建国纲领的这个裂痕比拟成共和国的分裂。在极其保密的情况下，母亲被带到诺克斯堡。在那里，她与同事一道修复纤维，修补裂痕。作为一个知道这个秘密的 9 岁孩子，我充满了公民自豪感。但当时我却不可以对任何人说起这件事。

十年以后的 1953 年，全国被参议员约瑟夫·麦卡锡煽动的反共情绪所笼罩。麦卡锡声称，美国国务院充斥着秘密的共产党特工。几年前，理查德·尼克松因为持有与麦卡锡相同的观点而名声大噪。尼克松还指出阿尔杰·希斯是打入美国国务院的职级最高的苏联秘密特工。希斯发誓并否认了这项指控，但却因为发伪誓而接受审判。关键的一条证据是所谓的"南瓜文件"（pumpkin papers）。一个公认是前共产党员的惠特克·钱伯斯声称，这些文件是希斯用自己的打印机打印出来并发给他的。希斯在 1949 年接受审判。由于当时陪审团不能作出一致决定，法庭在 1950 年重审该案，并将希斯定罪。

作为上诉过程的一部分，1952 年，我们家的一个熟人海伦·伯腾威泽作为希斯的代表律师，请我母亲在此案中以专家证人的身份，检验"南瓜文件"是否是从希斯的打印机打印出来的。希斯的罪名是以说谎来掩盖

4

15

自己与共产主义和苏联政府的关系，"向他靠拢"极有可能令母亲名誉受损。然而，母亲还是接受了这项工作。联邦调查局特工把文件送到了我们在波士顿的家中，交予我母亲检验。最终，她得出结论，那些文件是伪造的。当然，这依然不能改变希斯上诉失败的结果。但是，我的母亲冒着失去良好声誉的巨大风险，承担了她心目中公民应尽的责任，为我树立了榜样，这让我记忆犹新。

金无足赤，人无完人，榜样也会有缺点。不过，缺点并不一定会妨碍他们从事或鼓励他人进行重要的公民参与实践。我的母亲当然也不例外。20世纪五六十年代，母亲长年遭受躁狂抑郁症的折磨，并在那段期间染上酗酒的恶习，而很有可能在那之前很久，她已经患上了抑郁症。她在波士顿城外的麦克林精神病院多次接受电击治疗。在那段时间里，对于我和妹妹来说，她并不是一位合格的母亲，可是错并不在她自己，至少部分原因是由于她严重的病情。她没有耐心和精力花费时间来陪伴我们。但是，她抓住机遇从事公民参与的行为还是为我树立了榜样，帮助我懂得了公民参与的重要性。她在希斯案件中的表现，无疑令她受到朋友们的批评，因为她在这场引人注目的刑事案件中，帮助了一个正面临叛国指控的陌生人；可她还是做了自己认为正确的事情。

导师和教师在公民参与中至关重要，因为他们能赋予僵硬、抽象、理想化的公民参与以人性色彩。他们使人懂得，自身有很多弱点或是罹患病症的人是如何从人性出发进行公民参与的。就像我的母亲所展现的那样，即使她沉疴难愈，却依然以身作则。

5　　同母亲一样，父亲也为我树立了公民参与的典范，不过，是从不同的角度，以一种相对协调的方式。第二次世界大战初期，他在华盛顿特区的联邦价格管理办公室（Office of Price Administration）工作了一年，但是大概因为母亲的疾病，我们家不得不在1943年搬到波士顿。母亲严重的抑郁使得他们与朋友的社交往来变得更加艰难。在数十年内，父亲既要做家务，要支付各种家庭开销，又要父兼母职，抚养两个孩子。尽管如此，他从不抱怨，对母亲的爱和关心也无微不至，毫不消减。他从未让我母亲和其他人觉得他是被迫的，也从未因我母亲不当的举止或不够积极的行为向别人致歉，因为他不想让妈妈意识到自己做了错事而自责。他的善解人意、耐心和无尽的仁慈永远激励着我。

父亲所承担的公民角色对我而言也是一种激励。他以身示范了公民参与是一个一生的承诺。从我们搬回波士顿开始，他作为志愿者参加了一系列社区组织和活动去帮助他人。他只是一家小型女装零售连锁店的合伙人，可他总是致力于帮助一些社区性和全国性的非营利组织。

我一生都崇敬我的父亲。我们是最亲密的朋友。我们长得很像，就像我的小儿子很像我、父亲很像祖父一样。在家里的墙上挂着祖父、父亲、我和我儿子的四幅照片，上边标注着"欧立希家族四代男人 15 岁照片"。即使这四代人的年龄跨度超过了一百年，我们看起来还是很像四胞胎。我无法想象我会从事女性服饰零售行业。我畏怯于经营的艰难，因为生意利润微薄，误判时尚趋势的风险又很高；我惧怕工作的枯燥，因为需要一遍又一遍进行重复乏味的判断。但是父亲作为一名公民参与的志愿者，用他的一生为我树立了典范。他的生活方式让我明确懂得，公民参与是他生命的一部分，也是他自我认同的一部分。所以，在成长过程中，我一直相信，公民参与和有意义的人生是不可分割的。

当然，任何人都不能选择父母，大多数人并不会像我一样幸运。不过，教师和导师也可以像家长一样成为公民参与的引导者。人们应该鼓励年轻人寻找并发现那些引导者。我在飞利浦·埃克塞特学院（Phillips Exeter Academy）最喜欢的一位老师就是个例子。在祖母的资助下，我在那所高中求学。当时的校长经常向我和同学们强调，学校的校训——舍己（Non Sibi）——的真正含义是：无论是专门从事，或是业余参与，我们在一生中都有进行公民参与的责任和义务。那位校长——威廉·索顿斯托尔，于 1962 年离开了埃克赛特学院，去领导尼日利亚的和平部队，成为了公民参与的典范。

我个人的公民参与生涯的塑造，尤其要归功于三位主要的导师：利恩德·汉德、亚布拉姆·蔡斯和乔治·怀尔德曼·鲍尔。从埃克塞特学院毕

6

业后，我先后在哈佛学院和哈佛法学院继续求学。从哈佛法学院毕业后，我极其幸运地被选为利恩德·汉德法官的助理，他同其他人一道，塑造了我的公民生活。他是美国那个时代，也可能是所有时代当中最杰出的法学家之一。我说"可能"不是因为我对他的伟大有任何怀疑，而是就连汉德自己都怀疑英语中最高级的表述是否准确，更何况有时还会导致夸大其词。我从他身上学到很多，其中最为珍贵的，就是业务专长在公民参与中的重要性。当然，业务专长在所有工作领域都至关重要，但它在涉及公共利益的政府工作中尤为需要。

在 1959 年的秋天，我与汉德共事，当时他已经 87 岁了。他担任联邦法官已有 50 年，被公认为全国最出色的法官。还记得在我担任汉德法官助理的第一周，在纽约弗利广场法院的法官办公室里，我的办公桌和他的办公桌之间只有几英尺。我们的日常工作大致为：每次阅读有关案件的简报后，他让我为一方辩护，他为另一方辩护，时而交换立场。在所有的演练中，汉德法官都走来走去，先提出论点，再一一予以反驳。他的思维和文字紧密联系，围绕一个观点，他往往会改写八稿、十稿，甚至更多。

公众基于案件的表面现象而产生的赞成或反对倾向，从来不会影响汉德法官核查争议。例如，我们会花很多天的时间，以事实为依据，对一个案件进行思考和辩驳。一起刑事案件的被告人因伪造支票和故意兑换假支票被起诉。这是两种不同的罪行。很明显，在这种情况下，只有被告人伪造支票，他才可能故意兑换假支票。被告本人对这两项罪行都予以否认。陪审团却裁定他违法兑换伪造支票罪名成立，而伪造支票的罪名不成立。

上诉过程中，被告人的公设辩护律师认为，既然被告人伪造支票的罪名不成立，那么他违法兑换伪造支票的罪名也要被推翻。辩护律师论证说，因为没有"伪造支票"的这项罪名作为前提，从逻辑上讲，被告人就不可能犯下他所被判决的"故意兑换伪造支票"的罪行。汉德法官和我知道陪审团的判决并非一向遵循逻辑。我们猜测当时的情况可能是这样的：当陪审团开始审议时，一部分陪审员认定其有罪，而另一部分认定其无罪。所以陪审判团决定折中双方的意见，认定被告其中一项罪名成立，而另一项不成立。如果被告人因"违法假造支票"而获罪，不是因"蓄意兑换伪造支票"而获罪，也就不会出现后续的问题。但是陪审团却做了截然相反的决定。我们该做些什么呢？经过几小时的法律研究，我不能找到一个恰当的、可以被双方律师引用的既有案例。

最后，尽管不符合逻辑，汉德法官还是决定维持原判。他的这种做法开创了一个先例。在结案陈词当中他这样说道，陪审团的决定，只要是在陪审员审议过程中，对于可能发生的事情作出的合理假设，那么即便逻辑上不够严密，上诉程序也要支持这一判决。法官需要逻辑严密，而陪审员们则不用。

在担任汉德法官秘书的 9 个月当中，我写的文字只有几段内容被采用。因为与当时其他第二巡回上诉法院的法官不同，他不会要求助理起草他的意见。因此，只有在我给法官的备忘录中偶尔作出的评论，才被纳入他的见解。但是通过对汉德法官的观察，我懂得了专业素养在公民参与中的重要性。他在一篇论及奥利弗·温德尔·霍姆斯法官的文章当中使用了"行家里手"（the Society of Jobbists），意指他们以"货真价实的手艺换得相应的报酬，只从事那些自己精专的工作"。汉德法官认为这也是合理审判的一个必要条件。 8

这种业务上的自信应该是所有公民参与的一个重要维度，自信自己能够正确无误地完成工作。这应主要基于一个拥有一技之长的人圆满完成工作任务的满足感，而不是为了观众的掌声。这并不是说，我们要清高到忽视公众反响的程度。即使不在司法领域，公职人员都应该考虑公众的反应。但是我首先从汉德法官那里学习到的，又在我其他的公民参与实践中反复验证的道理是：如果别人的认可是激发你工作的主要动力，那么你的判断不可避免地会有所纰漏。"行家里手"在公民参与的不同方面多少会有不同的标准，但是，对自己分内之事精益求精的内在需求是始终不变的。

虽然我没有为汉德法官起草过意见书，但幸运的是在我为他工作的那一年里，第二巡回上诉法院的其他法官给了我这样的机会。其中最为睿智的一位当属来自佛蒙特州的斯特里·沃特曼法官，他也是汉德法官的好友。我对他主审的一个案件仍然记忆犹新，虽然案件本身并没有很重要的法律意义，但却认定了绰号为"黑道总理"的匪首弗兰克·科斯特洛的罪行。

我为沃特曼法官工作跟进的另外一个案件，涉及法院的新法官亨利·弗兰德利。汉德法官不仅视他为朋友，还"游说"艾森豪威尔政府任命他为法官。最终，弗兰德利先生于 1959 年正式上任。巧合的是，弗兰德利法官的女儿是我妻子最好的朋友之一。艾伦和我在那一年先后几次与弗兰德利法官和他的家人餐叙。

通过弗兰德利法官的经历，我得出一个人在公民参与中的名誉是多么不堪一击。一流的专业知识十分重要，但有时单有专业知识也是不够的。弗兰德利先生获得法官席位不仅因为他是国内最优秀的律师之一，同时他也是铁路重组这个晦涩难懂的法律领域的专家之一。由他来书写意见书的早期案例中，就有一例是有关复杂的铁路重组问题的。这篇篇幅浩繁的意见书，是他展现专业技艺的杰作。然而，就在它发布几天后，作为案件一方的联邦政府提交动议，将其驳回，理由是这个案件应该直接移交美国最高法院处理。虽然大家都忽略了应将案件移交最高法院，但是弗兰德利是这个领域专业水平无出其右的专家，当他意识到自己完全忘记了这一点时，他感到十分尴尬且非常恼火。

汉德法官的幽默感极强，与他共事让我感觉到，公民参与在回报颇多的同时又极具乐趣。事实上他知道几乎所有吉尔伯特和沙利文的歌词，会经常唱给我听。他还喜欢五行打油诗，越粗俗就越喜欢。这里我引用一首相对高雅的。在我们讨论一宗合同案件的时候，汉德用这首诗来教我区分"打破的"（broken）和"有洞的"（breached）。这首打油诗也注重用词技巧，他运用这种技巧教会我一些文体知识：

　　有一个年轻的律师名叫兰斯

　　他签约购买一些红蚂蚁

　　合约被打破（broken）

　　当他感到有东西在戳

　　是蚂蚁在他有洞的（breached）内裤里

　　他还喜欢玩具。有一次他征用了一个专利案件中的证物——一辆玩具卡车，欢欣鼓舞地驾着小车在大厅中驶来驶去，还一路欢笑着驶去其他法官的办公室。

　　有一则关于历史学家的谚语这样说道：独善一技则不能诸事练达。若干年后，我渐渐懂得这个谚语适用于每一个人，当然也适用于那些从事公民参与的人。一个人如果只有一项专长，久而久之，这个人在自己擅长的维度也会变得失去效力。汉德是一位多面手：他不但是法律学者、睿智的人权评论家，也是哲学家、健谈者、演员等等。

　　汉德认为，处事不偏不倚是一个好法官应有的品质，这也是他坚持的专业素养的一部分。在公民参与的其他方面，这一点固然不能生搬硬套；然而，放下个人可能持有的对于公共政策是优是劣的偏激看法，以毫无偏见的客观态度去审视政策，对所有公民参与领域而言都至关重要。

　　即使处理非常简单的案件，汉德法官对讨论过的和有可能被用来支持某一立场的所有原则，也是一再审视。他认为只有真正的怀疑论者才能做到矢志不移，因为对于他们来说，一个质疑比得过所有绝对的东西。他绝对是一个怀疑论者，但他并不愤世嫉俗。他常引用奥利弗·克伦威尔在战争前夕对战士们说的话："以主之名，我恳求你们在做任何结论之前，要考虑到你们的决定可能是错误的。"他说，这句话应该放到全国每一家法院的大门上去。他认为，每位法官必须在不掺杂自己价值观的前提下，在相互冲突的价值观之间做决定。

　　汉德不能接受自然道德法则支配人类行为这一说法。在他看来，在进行价值选择的时候，除了个人偏好和公民和解的要求，没有其他共同标准。因此，他认为，除了那些已经被社会足够多的领域所接受并且写入法

10

律当中的原则，再也没有任何固有的法律准则。

这种思想使得汉德法官对其他许多同行进行了激烈的批判，尤其是厄尔·沃伦大法官和最高法院中占多数的自由派。因为汉德认为他们在以正义为名，按照个人的方法来解决社会冲突问题。在汉德眼里，这基本道理就包含在奥利弗·温德尔·霍姆斯的妙语中。霍姆斯的一个朋友有一次与他一同散步。少顷向他告别时，朋友说，"去做'正义之事'吧"。霍姆斯回答道："正义！小伙子，那不是我的工作。我只是在照章办事而已。"

照章办事是汉德关于如何做法官的一个主要观点。他为霍姆斯写下的下面这段话，当然也同样适用于他自己。他是"自由主义者，也是自由的拥护者"，尽管那些"词语都是贬义的"。

> 作为流行语，自由对那些意识到束缚的人而言确实有意义。但是一旦放任自流，他们的生活会比受约束时更加空虚。如果我们当中的大多数人，像电影《陪审团的女人》（Trial by Jury）中的被告一样，朝三暮四、喜新厌旧，那么自由就会变成一个诅咒；无论它多狭小，我们也只能逃回我们的牢笼之中；无论它多古老，我们将重守我们的清规戒律。这是我们面对自己无法容忍的痛苦时作出的防御。①

跟霍姆斯一样，汉德也处于这种极度痛苦之中。一方面他在自由和自由所带来的选择中欣喜若狂，但是另一方面，在做选择时，他往往意识到他很可能是错误的。

在担任汉德法官助理以来的半个世纪里，我渐渐否定了他的很多司法判决和一些司法哲学。但我一直坚定地认为人应该一直警惕道德的绝对性，尤其是在公民参与领域。我意识到，一些人会轻视这一论断。他们会问，那有关诚信、同情和其他基本道德价值的标准呢？这些难道不是绝对的吗？当然，在某种意义上，他们是绝对的。但是从汉德法官所教会我的

---

① Learned Hand, *The Spirit of Liberty*, 3rd ed. Knopf, 1974, p.59.

那种意义上讲，这种道德戒律只有在应用时才会产生真正的力量，而在它们的应用过程中也会出现棘手的问题。

例如，在职业责任的界域里，道德戒律相互冲突的具体案例比比皆是。比方说，代表患者的医生或代表当事人的律师，什么时候应当隐瞒真相呢？他们终究要作出一个决定。汉德以为，人有时甚至必须把生命押在一个毫无益处的决定上，帮助人们做决定的只有信仰。但是他强调，重点在于：我们必须牢记，人都可能会犯错，即便他们所做的都是他们必须做的事情。汉德所坚持的注重专业水平、不断努力提升自身的专业素养的原则，也是以这个现实为核心的。

欧内斯廷

我的童年充斥着琴弦和五线谱，有过高潮也有过低谷。从小学起我开始吹奏长笛，独自在空荡荡的客厅中一待就是几个小时。"抬头，站直，把墙角当成观众"，整个中学时期音乐老师都是这么说的。我每天练习演奏长笛，背记曲谱，一页又一页，一行又一行，一个音符又一个音符。但到了高中，事情发生了改变。我的观众不再是客厅中纯白色的几何墙角。帮助我改变这一切的，是高中的一位老师克里斯·罗德里格斯。我用音乐开启了公民服务的旅程，罗德里格斯先生是我早期的支持者，一位集优秀导师特质于一身的人。

在建立非营利性机构——视觉艺术与音乐协会——之前，我私下里并不认识罗德里格斯老师。高中时的"英才计划"（Highly Gifted Magnet Program）是在兰多夫楼里举行的，我也是计划的参与者。几乎在这里授课的每一位老师都参与了这个计划，但罗德里格斯老师是个例外。他在高中任教，却不是这个计划的参与者。但他在学校却很有名，因为他每天早上都会用这样的方式凸显他的存在：站在教室外，大声对经过的学生说，"来吧，去上课，天气多好！"正是因为他鲜活的存在感，才使得我刚入学

12

就听说了他在学校大力开展的工作。有时放学后，我会留在学校，盘腿坐在更衣室前做作业。那时候我又常常会听到他将召唤同学的内容变成了优美的歌声，"天气真好，天都塌了下来，你却还感觉天气不错。别让这种感觉溜走了！"他是为数不多的直到晚饭时间还留在学校的老师之一，他会和一群想上课后音乐班的学生一起唱歌，演奏吉他。他对音乐的热情和帮助年轻人的热心引人注目、清晰明确。我有几个朋友选过他的课，他们也都对他赞不绝口。当我必须为视觉艺术与音乐协会挑选指导教师时，罗德里格斯老师看起来正合适。

一天下午放学时，铃声一响，我便飞奔到兰多夫楼164教室，希望可以在罗德里格斯先生开始他课后音乐班的课程前见到他。当时，他已经俯在钢琴前，手指在黑白色琴键上上下抚动。我拿着已经起草好的有关视觉艺术与音乐协会的规定和章程，担心着其他人会对这个组织不感兴趣，更不必说要加入了。我开始介绍视觉艺术与音乐协会，他却打断我说道："我知道这个，我们来一起做吧。"

他爽快地答应了这个请求。随着时间的推移，他参与得也越来越多。在我们为洛杉矶的孤儿和流离失所的家庭发起的万圣节狂欢晚会的庆祝活动中，罗德里格斯先生为我们解决了大问题。我们联系了一百多个容留所，并且找好了社区资助者。我们还把从城中各处邀来的嘉宾请到了电影城哥伦比亚广播公司的电影工作室，哥伦比亚广播公司是我们在当地的赞助者之一。与会名单越来越多，与之一同出现的，还有五颜六色的组织机构标志，志愿者的名字标牌堆得东倒西歪、摇摇晃晃，而且还随着支持者的增加而不断增高。

皱巴巴的纸袋子和撞瘪了一半的大大小小的纸箱塞满了兰多夫楼的小储藏室。我们盯着储藏室里面的东西，考虑着该如何将13个帐篷、几磅的糖果和饼干、几瓶化妆油彩和其他零零碎碎的万圣节物品从北好莱坞高中搬到哥伦比亚摄影工作室。我们中绝大多数人还在念高中，谁都没有驾驶证，更别说车了。这是我们第一次遇到这么麻烦的情况，我们甚至只好考虑乘坐出租车和公交车来完成任务。

13

"还是我开车搬吧"，一次开会时，罗德里格斯老师走进来打断我们说。他的做法彻底改变了我们的计划，他主动提出开着自己的小尼桑在北好莱坞高中和哥伦比亚广播公司之间多跑几趟。"您知道这是在自找麻烦吧？"我问道。他点了点头。我怀疑他并不清楚，但是还是愉快地接受了他的帮助。

我们在星期天的早上很早就出发了，那时太阳才刚刚升起。在无家可归的孩子们蜂拥而至之前，我们还有 3 个小时可以进行规划安排。罗德里格斯老师和我的团队来来回回跑了 6 次。当罗德里格斯老师离开时，我想象他穿过科尔法克斯大道，又在根本不能从后车窗看到外面的情况下，并入一条五车道的快速路。为了每一次 10 公里的搬运旅程而把东西塞进日产方块这样的小车里，就像是要玩好俄罗斯方块这个风靡全球的游戏一样——既要动手又要动脑。我们很巧妙地将 T 型谱架靠在音响系统上，在鼓的周围包上鼓胀的糖果袋子。这比我在电脑上玩俄罗斯方块还要艰难，因为除了 L 形方块、四方块和 T 形方块之外，我们还要把圆圈、六角形和长杆放进去。

罗德里格斯先生激情四射地帮助我们完成了任务，仿佛有一种由内而外、有增无减的激情驱动着他。这个狂欢节非常成功，孩子和家人们喜笑颜开，还随着我们的音乐翩翩起舞。在我们开始清扫会场时，已经连续工作 10 小时没休息的罗德里格斯先生依然精力充沛。他帮助我们将物品运回兰多夫楼的储藏室里，就像早先一样，仿佛又玩起了俄罗斯方块。

那天，罗德里格斯先生的奉献精神让我敬佩。在这一学期里，越来越多的学生从各个入口——左边的，右边的——涌进我们开会的房间，一些是熟人，但许多是陌生新鲜的面孔。自从罗德里格斯先生加入视觉艺术与音乐协会，协会也从只有大约 12 个全心投入的会员，迅速发展成为仅在我们高中就拥有两百多名志愿者的专门机构。于是我意识到了罗德里格斯老师作为导师的非凡能力。许多其他导师只是起到宣传者的作用，或者只为组织提供新鲜的看法，而罗德里格斯先生却不一样。他不仅会支持我，也会让我摔跟头；不仅让我认识到成就，也会让我看到不足。就在这个过程中，他得到了我的信任。

14　　获取信任——这或许是成为导师的第一步。信任也是肖恩·兰多夫与我在电话中交谈时，反复强调的内容。肖恩听说了我的工作，并通过领英网（LinkedIn.com）联系到我。他曾经作为中央城社区外展服务的青年主管，指导了一群生活在洛杉矶市中心棚户区面临风险、无家可归的青少年。

交谈期间，我不禁想起了罗德里格斯老师。肖恩分享了他对于赢得合作者信任的重要性的理解。肖恩明白，尤其在直接服务组织当中，信任是服务的重要前提。如果人们不先确保你们关心他们的最大利益，他们是不会接受援助的。

在利伯缇大学（Liberty University）大三至大四学年暑假的最后两周，肖恩决定签约加入"美国军团"（Ameri Corps）——一个鼓励成员参与直接公共服务的联邦政府项目。巧合的是，本书的合著者托马斯曾是发起"美国军团"的委员会主席，并曾多年担任该委员会的后继组织——"国家和社区服务组织"的董事会成员。肖恩加入"美国军团"是因为他发现，学习社会变迁的理论与在为他人服务的过程中亲身经历这种变迁，是完全不同的。

肖恩为前往洛杉矶整理行囊时，他计划进行为期一年的体验，然后如英雄般地"荣归故里"——他可是在"坏透了的洛杉矶"工作过，证明了自己的价值。但是事情却与期待大相径庭。在洛杉矶的那段时间，肖恩接受了一次震撼性的教育，了解了身处贫困的孩子们如何努力生存下去。他负责监督在洛杉矶市中心开展的课外活动，这项活动是为六年级到十二年级的无家可归、流离失所的孩子们发起的。起初他认为这只不过是简历增色的一种手段，充其量也就是一场小演出，但这份工作很快就让他着迷了。肖恩也将他为期一年的服务延长到了整整两年。"如果你想对生活在城市贫民窟的青少年起点作用，无论好与坏你都要待在那里，"肖恩吐露，"你必须要赢得他们的信任。"

逐渐了解那些他在工作中接触的孩子并赢得他们的信任，一点也不容易。肖恩给我讲了一个名叫"桑德拉"（化名）的 11 岁小女孩的故事，她以"老大"自居，号令肖恩负责教导的所有青少年。桑德拉想尽一切办法给肖恩的工作制造麻烦。在这个活动中，她、她的一对姐妹和两个表兄妹联合起来，对其他学生施加不好的影响。事实上，在肖恩到来时，这个项目一直在他们的控制之下。肖恩知道桑德拉和她的"跟班"将是他工作成功、快乐和有意义与否的关键因素。他必须要赢得她们的信任。

他发明了一个叫"聚光灯"的游戏，这成为他赢得信任的方法。他在工作后的第二个星期，把"聚光灯"这个游戏介绍给了孩子们，当时，他们的眼睛都放光了。每一周，都会有一个工作人员坐在椅子上，回答学生们提出的任何问题。以往，尽管学生们会经常见到这些工作人员，却并不真正了解他们。"聚光灯"这个游戏完全改变了这种局面。

肖恩是首先坐上那个"电椅"的人。他轻松地走向了那个金属折叠椅，准备好面对 30 名肤色各异的青少年。他们居住在人道主义救援住所或过渡住房中，生活在市中心的贫民区，以态度强硬著称。他们准备好要为难肖恩，甚至要让他崩溃。

"你有过多少女朋友？"桑德拉问道。接下来，其他孩子们也用各种各样的问题轰炸他，从恋爱的喜好到接受过的挑战，再到困扰过他的难题。"你最害怕什么？""你上次哭是什么时候？""多少女孩子拒绝过你？"肖恩认真地回答了每一个问题，在他作答的最后，他总是要重申一遍"让你们知道也可以"。

肖恩强调，所有人都有一个共同点，就是对痛苦的感知和理解。虽然肖恩从未无家可归过，也不是成长于洛杉矶的市区，但是他理解孩子们的痛苦。"如果我们连所经历的痛苦都能够坦诚公开，那么我们一定能够相互扶持走出痛苦"，他说道。虽然刚开始孩子们是通过想方设法为难肖恩，来得到些许的成就感，但最初企图击垮肖恩的恶意终究还是转化成了尊重和信任。学生们问的那些通常被大人们以不合适为理由驳回的问题，肖恩也都据实回答，这让他们对肖恩印象深刻。

桑德拉坐在孩子们中间，感受到她的地位受到了威胁。"我们就直说吧"，她摊牌道，"我想，你回答得不错。但是你所做的就是想让我们喜欢你，然后一年后你就可以回到你来的地方了，是吗?"

16　　　肖恩难以回答。这正是这个"美国军团"项目的运作方式，他不知道再说些什么，于是反驳道:"如果有机会留下来，我会的。"这个即兴的评论变成了肖恩内心遵守的承诺。他在中心又多工作了一年，至今也仍然坚持回访那些青少年。当肖恩跟我分享这份经历以及其他的经历时，我惊叹于他的直率。我开始意识到，这是你与你即将帮助的人之间沟通的有效方法。

伟大的导师可以分享错误和失败，而这些负面经历往往是我们获得重大经验教训的方式。肖恩就是一个极好的例子，他与孩子们相处是通过对错误的认识，而不是害怕向别人承认这些错误。

除了直率和建立信任，好的导师还要提供强有力的支持。就像帕特里克·李辅导丹妮所做的那样。丹妮是加入社区家教项目的六年级学生，这个项目是由我所负责的斯坦福大学学生会中的一个部门赞助推动的。

"潘尼室"（Penney Room）处在斯坦福大学哈斯中心的顶层，它是校园里公共服务的枢纽。经常有缕缕微风从"潘尼室"高大的窗户中吹过。总有一个女人在"潘尼室"里小声哼哼，好像一直都在外边唱歌。帕特里克刚刚结束他每周一次的词汇课程，学生就是丹妮，她是一名来自东帕洛奥托低收入社区的六年级学生。在开始数学课之前，他们休息了一会。

在一个看起来像倒置的 J 的东西旁边，帕特里克匆匆勾勒了四个空方块，因为画得很快，所以显得有点不平行。"A，E，I，O，U"，丹妮草草地看了一下那些元音，试图猜出这场"吊死人"（Hangman）词汇游戏中帕特里克脑子里的词语。"是的，这里有一个 O，一个 E，"帕特里克一边回应，一边将这两个字母写到白板的第二个和最后一个方块里。

在辅导过程的休息间隙，一份练习题和另一份练习题之间的过渡是最美好的。帕特里克和丹妮会玩游戏，一起聊他们最喜欢的美式足球队，女孩特有的问题，以及大学的计划。随着时间推移，他们也增进了彼此的了解。

"是 more！"丹妮叫喊道。猜词游戏的答案是 more。

帕特里克的职责就是辅导丹妮。但是他不仅仅是教丹妮读书写字，也不是仅仅帮助她解决基本的数学问题。他要力求与丹妮建立一种牢固的关系，扮演丹妮的支持者。"我不仅仅要做到别人要求我做的那些，"帕特里克对我说，"我要给予人们他们所需要的，不只是被要求的。"科瑞斯特·奥格雷迪是一个寄养少年，后来在斯坦福大学读书，他告诉我和托马斯："你们想象不到个人关注对一个人的重要性。有些人不主动去寻求帮助，因此容易被忽视。"导师们不应该只有当别人有要求的时候才出现，并且提供帮助。他们应该像小树苗的支撑杆一样，在你的成长中给予指引，又给你空间让你自己一点点成熟。

我最好的导师给予我犯错误的空间，更重要的是，他会让我去寻找自己的路。19 岁时，我还在斯坦福大学读大二，我非常幸运地得到了一份在风险投资公司兼职的工作。这家公司名叫路易·奥尔索普联合公司（Alsop Louie Partners）。斯图尔特·奥尔索普同公司的另一合伙人吉尔曼·路易，共同在风险投资和创业过程中给予我指导。我发现这与我之前一直从事，接下来还会继续从事的公民参与有很多相似点。那些既从事公民参与，又努力创业的人需要：确认即将面临的挑战；寻找面对挑战的正确方法；创立体系，深入研究方法；制定长远规划，以确保组织能够经受住时间考验。风险投资公司依靠营利性企业来赚取回报，而公民参与则是为了满足社会需求，二者未必是完全对立的。事实上，许多所谓的社会企业正在寻求一个"双重底线"，一是拓展社会事业，二是需要赚钱来支持社会事业的发展。在风险投资领域中，我获取了许多知识和技能，我强烈感受到在公民参与方面我更在行，也更明智了。

硅谷以百万富翁和高端联谊会形成的紧密社交圈而著称于世。我第一次见到斯图尔特·奥尔索普，是在一个旨在为风险投资公司和斯坦福大学创业者建立联系的联谊会上。会议主办方要求斯坦福大学的学生团体负责人提供一些志愿者。那时，我正是学生会工作的积极参与者。所有的课余时间，我都待在学生会办公室里，并担任学生服务部的执行部长。因为在高中时期，我创办了视觉艺术与音乐协会，所以我对创业有一些兴趣。斯坦福大学处于硅谷之中，它独特的地理位置将我置于一些世界上最大的科技企业的后花园中，例如谷歌、脸书和推特。对它们的好奇心使得我想做进一步了解。虽然对风险资本融资并没有特别的兴趣，我还是当机立断，决定在星期二的晚上花上几个小时协助这个联谊会。我想，如果这次参加联谊会有什么意义的话，这意义似乎是有了一个拜访一群有趣的斯坦福校友的绝佳机会。

18

这是我第一次踏进新建好的麦肯齐室（Mackenzie Room），它位于斯坦福大学黄仁勋工程中心三楼，这个大房间带有一个 180 度视角的露台、高高的天花板和高大的玻璃窗。当时的雅虎首席执行官杨致远是联谊会的主讲人之一。房间里坐满了投资者、企业家和学生志愿者。桌子上摆有香槟杯和斯坦福大学提供的美味佳肴。这种奢华程度是我之前从未体验过的。

更重要的是，这件事之后的六个月完全改变了我的生活。我给斯图尔特·奥尔索普发了一封邮件，还让妈妈开车送我去旧金山，这样我可以和他一起共进寿司，然后再与公司的其他合伙人和雇员交流。最终他回复了我的邮件，开头这样写道："我们公司愿意为你提供一个正式的职位……"

后来我才知道斯图尔特·奥尔索普是西奥多·罗斯福的曾侄孙，他的父亲和叔叔曾是 20 世纪 30—70 年代美国的新闻记者和政治分析家。第二次世界大战期间，斯图尔特·奥尔索普的父亲空降到法国的佩里戈尔地区，支援法国人的抵抗运动。之后他在《纽约先驱论坛报》（*New York Herald Ttibune*）负责内政言论，而他的叔叔约瑟夫·奥尔索普负责外交言论。一段时间后，斯图尔特·奥尔索普成了我在风险投资领域中了不起的导师。他和其他公司的合伙人还帮助我了解到风险投资在促进社会事业中的许多作用。

除了提供支持体系，最优秀的导师总是知道如何激励他们辅导的学生，使他们做到最好。威立雅·维奇特－沃道－坎和基蒂不拉法·"乔布"·吉瓦森提卡恩在泰国温限（Wiang Hang）遇见了（不想透露全名的）U 先生后，就明白了这一点。在本科二年级时，威立雅和乔布回到了他们的祖国——泰国，并在泰缅边境开展研究。他们的工作推动了一项政策的制定，这项政策使泰国成千上万的流动工人用上了邮政汇款服务。在那个夏天，U 先生是他们的导师之一。当然，他也指导过一些其他来自泰国的 19 年轻人。

　　徒步走到孤儿院附近的小学校，威立雅和乔布可以看到士兵们在两山之间的峡谷中四处巡逻。他们身着绿色军装，黑色皮靴，手拿长步枪，头顶着迷彩军帽。泰缅边境沿线布有地雷，但是政府还是针对钦族（Chan）社区增加了兵力防范。钦族原是缅甸的一个少数民族，他们逃至泰国是因为缅甸政府背信弃义，违背了民族自由的承诺。

　　威立雅和乔布沿着一望无际的庄稼间的一条昏暗、狭窄的小路，最终到达了路边的一小块空旷地。那里并没有路标，也没有标记表明这是一所学校。一所房子由水泥和木材搭建而成，屋顶上面覆盖了几捆稻草。这就是 U 先生的家，他就在这里教导来自泰缅边境的几十个青少年，他们都是流动难民工的孩子。教室里，孩子们席地而坐，而 U 先生则站在唯一的一块黑板旁，教导孩子们应该如何阅读与写作。教室外，他们在干草屋檐下享用午餐。这块场地被一个小栅栏圈了起来，所以小孩子们就不会跑太远。"住宿很简陋，"威立雅说道，"但是这比他们在田地里强多了"。

　　又是一个干旱炎热的夏日，杀虫剂如蒙蒙细雨被喷洒到庄稼上，但是接触到药品的不仅仅是橙子和害虫，田里的孩子们也一样有危险。汗水和化学药品混在一起，孩子们经常喊头痛。U 先生与橙子种植园园主协商，希望园主允许他在附近建一所学校。U 先生决定建立一个日托中心，为孩子们提供一个容身之地。除此之外，他还想教他们泰语，好让他们能够与难民社区外的人交流。"没有学校，他们就没有机会受教育，"U 先生说道，"他们就会流连在荒郊野地，无法健康地成长。"U 先生想鼓励孩子们学习，不论他们多大年纪。"他意志坚定。但这种事做起来有时令人沮丧，因为你觉得自己无能为力，"乔布说道，"但是 U 先生看到了孩子的 20

未来，他试图让孩子们自己也看到，从而从根本上解决问题"。

导师也帮助我认识到了挑战传统观念、挑战自我的重要性。加入路易·奥尔索普联合公司后，我发现自己真的很享受与创业者交流的过程。在开始工作的两个月内，我规划了在公司的第一笔投资。那时，我已经开始与托马斯合著这本有关公民参与的书了，他是我人生中又一重要的导师。与托马斯和公司同事共事，一方面促进我更好地开展公民参与，另一方面有助于风险投资。在这个过程中，我也学会了如何在营利和非营利领域之间寻求平衡。

我不是说所有风险投资者都有最好的社会动机。但是我发现在工作以外，许多风险投资领域的典范在金钱和时间方面还是极其乐善好施的。例如，凯鹏华盈（Kleiner Perkins Caufield and Byers）这家最大的风险投资公司的创建者之一布鲁克·拜尔，帮助建立了斯坦福大学医院和门诊中的拜尔眼科研究所，专门致力于治疗失明。比尔·科尔曼是许多硅谷初创公司的创建者和领导人，他在科罗拉多大学创立了科尔曼认知障碍研究所。吉尔曼·路易——路易·奥尔索普联合公司的创建者之一，致力于公民参与和风险投资咨询这一有趣的交叉领域。他经常往返于硅谷和华盛顿特区，为政府情报部门提供建议，还在国会委员会和政府咨询委员会中提供服务。

比尔·德雷珀是又一个绝佳的例子。他既是一个成功的风险投资者，又是一名成功的慈善家。他起初进入他父亲的公司工作，从事的是传统的风险投资。1965 年，他创建了萨特山创投（Sutter Hill Ventures），这是当今硅谷中风险投资公司的领头羊。之后，他短暂离开了风险投资行业，转到政府机关任职，担任美国进出口银行的总裁和主席，还出任联合国发展计划署的首席执行官。现在他不仅是德雷珀理查兹公司（Draper Richards LP）——一家聚焦于美国早期科技公司的风投基金公司的合伙人，也是德雷珀理查兹卡普兰基金会（Draper Richards Kaplan Foundation）——一家聚焦于初创非营利机构的公益创投基金公司的联合主席，这些非营利性机构的目标，就是推动世界各地的社会发展。他一直非常关注如何确保后

21

人同样为这两个领域贡献力量，就像他在斯坦福大学我开始修读的创业课程上致辞时所讲明的那样。这一点我会在第七章中继续讨论。

此外，正如导师们帮助我理解的那样，风险投资可能有助于国家需要的社会创新关键领域的发展，包括能源、教育和医学。只要动机良好，我认为风险投资可以用于资助仍受非议的创意，促进整个国家乃至整个世界的公民福利。这一点，吉尔曼·路易在领导美国中央情报局的风险投资部门时就认识到了。作为因酷泰（In-Q-Tel）的首席执行官，他将增进国家安全作为明确目标。通过将联邦政府的情报界和私营部门中有发展潜力的新技术、新创企业结合到一起，以实现这个目的。吉尔曼支持的一项很成功的投资就是"钥匙孔"技术（Keyhole），它是一款带有复杂 3D 图像的卫星地图软件，也就是我们现在熟知的谷歌地图。在 2003 年的第一次伊拉克战争中，美国军方和安全部门就使用了"钥匙孔"技术。

曾经在路易·奥尔索普联合公司工作，并且参与到政府服务当中的人，还包括"因酷泰"的三位前任合伙人，和一位原国家安全局的副主任比尔·克罗韦尔。无一例外，这些人都是我在风险投资学习当中的良师益友，他们在公民参与中表现出浓厚的兴趣，并塑造了我对于政府和公民参与的态度。吉尔曼经常问我如下这些问题：我们要创造一个未来，使得人类及其赖以生存却日渐消耗的地球直接受益，风险投资在这点上又能起到什么作用呢？风险投资如何能保证在未来的 25 年中还会和近 25 年一样卓有成效呢？

最终，我最重要的导师之一托马斯成了我的合著者。我们的年龄相差近 60 岁，自然存在代际差异，但是托马斯在我的生活中影响深远。第一次见到他是我在斯坦福大学快要上大二的时候，由当时还是斯坦福大学慈善事业和公民社会中心（Stanford's Center on Philanthropy and Civil Society）执行董事的金姆·梅雷迪思介绍我们认识。在那以前，我从未见过大学的高级行政人员，就更不用说像托马斯那样还有很多其他职务的人了。他来做我的支持者，我既喜出望外，又受宠若惊，但这样的形容还是不足以表达我要与托马斯合作的激动心情。托马斯邀请我与他一起合著本

22

书。从此，他不仅是我的良师，也成了我的益友。

我们多次一起组织小组访谈，去倾听其他年轻人公民参与的经历，在这里，托马斯担任多种角色的能力大家也都有目共睹。斯坦福大学的学生经常聚到联盟广场（Old Union），在这里他们一起打空气曲棍球，围着两台等离子电视中的一个观看足球赛，或在埃克斯帕姆咖啡厅里品尝小吃。我最喜欢的房间里有几个褐色绒皮面的沙发，这些沙发沿着墙壁围成了一个不规则的圆圈。有一面墙镶着很长的透明玻璃面板，所以我经常会看到有一些人徒步经过。很多个晚上，我和托马斯为数十名学生上课。他们中一些是斯坦福大学的本科生，还有一些是从别处赶来。第一次课，我发现路过的围观者比平时更多，他们盯着我们看，可能在好奇怎么会有这么独特的组合：一对学生情侣在地上盘腿坐着；还有一些抱着膝盖坐在沙发上；一个年龄差不多是我 4 倍的老人，却和我同样精力充沛，肩并肩地坐在学生中间，倾听属于他们的故事。托马斯从不踟蹰于到他的办公室外面去探险，倾听和支持那些年轻人。

我人生中的典范、导师和教师们，在公民参与这条路上给予我指导，并将我推上了我从未想象过的高度，托马斯就是其中之一。最初我只是一个困惑的年轻人，四处寻求帮助。我将现有的成就归功于帮助过我的导师们。一些人将公民参与视为主业，一些人视其为副业，还有一些人往返于公共和私营部门之间，却始终保持对公民参与的热情。我十分感谢导师们给予我的帮助。在我职业生涯的初期，激励我、考验我并且支持我。但是我也意识到，只有上前去敲导师的门并推开，它才会向你敞开。优秀的导师就在这里，你只是需要积极地去寻求帮助。一旦找到他们，他们可以发挥的价值将不可估量。

第二章　公民参与应服务于公众利益

托马斯和欧内斯廷

公民参与要符合公众利益，这一点看似显而易见。但是我们认为若想明白什么是公众利益、如何为公众利益服务，却是极具挑战性的课题。我们通过以自己的经历为鉴，并且借鉴一些其他进行公民参与的年轻人的经验，来解释这一重要概念。从这些故事当中我们得出，为公众利益服务就意味着帮助推动与个人利益相对的公众利益。然而，我们并不认为纯粹的利他主义是公民参与的唯一原因。这种情况是很少见的，这点我们会在第四章有关公民参与动机的讨论中涉及。但是，我们认为正是这种社会责任感作为公民参与的基础，才将那些以帮助他人为目的的活动与主要从个人目的出发的活动区分开来。

公民参与有多种形式，本书接下来的部分会作进一步解释。正如托马斯在他的部分中叙述的，对于他来说，政府服务和政治参与仍是公民参与的主要形式，虽然他在维护公众利益的非营利性机构中表现得也非常活跃。在如古巴导弹危机这一充满挑战的时期，托马斯和那些与他一起亲身参与这一重大事件的人共同努力，为公众利益行动。当被召担任最高法院中的政府代表时，他内心有些矛盾，因为他认为这个职务在法律上是不合 理的。但他还是这么做了，因为他觉得确保政府的立场能够公平地被倾听和考量，也符合公众利益。

　　对于欧内斯廷和我们采访的大多数年轻的公民参与志愿者而言，推动公共政策和党派政治并不是他们公民参与的重点，这一点在本章欧内斯廷的部分中阐释得非常清楚。她的故事反映了为公众利益服务的许多其他方面，例如通过非营利性机构来为有需要的人提供基本的人道主义援助，就像她所讲到的一个年轻人的故事里展现的那样；还有与人口贩卖集团抗争，这是另外一个年轻人的故事。通过与那些年轻人交谈，我们了解到他们通过参加各种各样国内外民众团体去帮助他人的故事，这些都是忘我奉献、令人惊叹的事迹。他们的故事表明，我们将公众利益视作一把宽大的伞，庇护着我们开展一系列公益活动。

托马斯

　　亚伯拉姆·蔡斯是我在哈佛法学院的老师，也是总统大选中约翰·菲茨杰拉德·肯尼迪的积极支持者。当肯尼迪在总统大选中胜出后，即使蔡斯在国际法上没有任何经验，他还是如愿被任命为国务院的法律顾问。1962 年，我非常幸运地能够在华盛顿与蔡斯共事。他是继汉德法官之后我在公民参与领域中又一非常重要的导师。作为法官，蔡斯的职责是对对手的说法作出应对。但是蔡斯是位活动家，他不会满足于现有的情况。他想为推动社会正义立法，然而汉德却对这种想法抱有怀疑。但是，他们达成共识，都会尽其所能地为公众及其利益服务。

　　许多年过后，我发现自己对法律的理解在向蔡斯靠拢，包括法律在社会服务中扮演的角色方面。蔡斯打开了我的视野，在公民参与如何服务于公众利益这个问题上，他使我的思想比以前更深入、更宽广。举例而言，我将厄尔·沃伦大法官视为我所生活的时代里美国最重要的法官，这个想法与蔡斯的想法不谋而合，但却与汉德法官相悖，因为汉德认为沃伦的思想力很弱。汉德认为，沃伦过于倾向于利用自己的地位来强化他的判断：哪些东西对社会来说是合理的。虽然沃伦不像汉德一样是一位思想巨匠，但是沃伦却可以利用自己的地位在民权和自由方面重塑美国社会，最著名的莫过于在"布朗诉教育局案"（Brown v.Board of Education.347U.S.483，1954）中推动达成一致意见，使得最高法院作出裁决，废除学校的种族隔离制度。

虽然蔡斯从剑桥搬到了华盛顿，从教授变成了政府官员，他依旧是一位教师。即便我加入他的团队，成了他的特别助理，我也一直仍然是他的学生。我在著名的"古巴星期一"宣布就职，那天是 1962 年 10 月 22 日，古巴被发现藏有苏联制造的具有核打击能力的导弹。就在那天晚上，肯尼迪总统宣布美国军舰将对"所有运往古巴的进攻性军事设备"进行"严格隔离"。从晚上 8 点到第二天早上 8 点，我与蔡斯和另一位同事忙于整理契约书，以此来解释美国采取这一行动的法律基础。然而，和蔡斯一样，我也从未修读过任何国际法课程，但很快我们就完全投入于研究适用战时与和平时期国家的有关法律规定中。紧张的工作持续了一周，在此期间，核战争看起来——事实上，已经———触即发。最终，苏联作出了让步并同意从古巴撤回导弹。考虑到这一被称为"古巴导弹危机"的事件已经广为流传，我在这里就不再赘述。但是我会把它作为一个实例来阐述"公众利益"最终是如何由一位英明的总统判定，由一位足智多谋的法律顾问打造为合法形式的。这件事也表明，在政府部门一位有作为的律师，不仅会捍卫其他官员制定的公共政策，还会直接参与政策的制定工作。

古巴导弹危机中，关键的第一步就是要在公开场合中始终将美国的行动定义为"隔离"（quarantine），而非"封锁"（blockade），因为封锁在国际法上代表战争行为。苏联控诉美国在全面阻止苏联导弹进入古巴时所采取行动是战争行为，所以总统和他的顾问团必须想办法将苏联对我们的这项指控的杀伤力降到最低。首先建议给这种行为贴上"隔离"标签的，是担任副法律顾问的伦纳德·米克。因为蔡斯的缺席，他参与了白宫的首次重要会议；尽管蔡斯在总统对外宣布"隔离"之前已立刻返回华盛顿。为美国采取的这种行为贴上"隔离"而非"封锁"的标签，可能看起来像是在玩文字游戏，但它实际上却是制定美国对外政策的关键：既阻止了苏 26

联继续向古巴输送导弹，又避免了依据国际法被判定为军事行为的风险。"隔离"的界定以及我们所准备的为美国采取行动而辩护的陈词，成为我们说服联合国内绝大多数成员国反对苏联、支持美国而获取最终胜利的关键。

　　包括美国前国务卿迪安·艾奇逊在内的一些主要的外交政策专家，都敦促总统不要为国际法烦恼，而应该毫不迟疑地轰炸古巴的导弹基地。他和其他顾问认为，如果有需要进行法律论证，美国只要解释其在实施自卫行为就可以了。《联合国宪章》明确指出："如果武装袭击发生"，它的条款并不会限制"个人的固有权利和集体的自卫行为……"艾奇逊和那些支持他立场的人声称，这是一个法律技巧，虽然事实上还没有"武装袭击"，但是可以解释为它随时随地都有可能发生。幸运的是，更为理智的判断占了上风。主导者是时任司法部长的罗伯特·弗朗西斯·肯尼迪。他认为问题的关键就在于，我们的政府如何更好地体现出美国的行为不仅仅是在维护美国的"公众利益"，更是在维护整个自由世界的公众利益。

　　我们提出的陈词来源于"美洲国际组织"（the Organization of American States）开展的活动。这个组织当时包括 20 个国家，古巴此时已被除名。美洲国际组织的一项主要条约也就是所谓的《里约条约》（Rio Treaty）规定，该组织成员国有义务为任何美洲国家提供援助，"以对抗该国所遭受的武装袭击"以及"应对任何成员国所面临的侵略威胁"。时任国务卿腊斯克表达了美国的立场。他指出，苏联在古巴秘密部署核导弹基地，构成了《里约条约》所指的"侵略威胁"，致使美国作出实施"隔离"的必要回应。

　　在这个过程中，我们必须时刻谨记如何才能最好地表达公众利益，不仅在为"隔离"古巴的行为辩护这一点上，还要考虑到更长远的利益。我们的结论是，出台一项确保美国与地区性盟友合作的政策，既可以增强美国行动对于地区外其他国家的说服力，又可以缓解美国在后续事件中如果采取单边军事干预可能带来的国内舆论压力。

　　历史已经表明，我们在第一项目标上获得的成功要比第二项大得多。

27

时任美国驻联合国大使阿德莱·史蒂文森精彩地论述了苏联在古巴部署导弹能够轻易打击美国这一事实的严重程度。当然，我们成功地反驳了苏联在联合国的辩解，这一点也同样重要。苏联依据基本的国际法条款声称，"隔离"（他们称为"封锁"）违反了《联合国宪章》以及各国普遍承认的国际法。

在这一危机中，美国成功塑造了一个分为两部分的令人信服的陈词。第一部分是，美国正在面临《里约条约》所指的"侵略威胁"，并且《里约条约》的理事会以 18：0 的全票支持美国的立场。第二部分是，《联合国宪章》明确规定了"本宪章不得认为排除区域办法或区域机关、用以应付关于维持国际和平及安全而宜于区域行动之事件者"；只要他们的章程同"联合国的宗旨和原则"保持一致。我们精心打造的陈词中，清楚地表明《里约条约》正属于《联合国宪章》中提到的"区域办法或区域机关"的类型，并且其支持的隔离行为也与联合国的"宗旨和原则"保持一致。接下来几天的辩论最终令苏联不得不同意撤回导弹。在此期间，这个陈词对大多数联合国成员来说都是有说服力的，这在很大程度上是因为美国不是在独自进行武力干涉，而是加入到了阻止可能迅速导致第三次世界大战的多方努力当中。

随着古巴导弹危机的完美解决，我以为美国政策的制定者可能会看到公共政策在多国行动中的优势。毕竟美国发起单边军事干预的时代已经一去不复返了。不幸的是，我的想法是错误的。1965 年，美国以最薄弱的法律基础为理由，入侵了多米尼加共和国。随后越南战争迅速升级，造成了更加悲惨的后果。 28

与此同时，在古巴导弹危机之后的 6 个月里，我花费了大量的时间，从不同的法律角度来研究我们对古巴的政策，包括后来我们不断升级，试图切断古巴与美国及其他西方国家的一切往来的一系列政策。回想起来，我认为这种应对是严重错误的。我相信，如果从菲德尔·卡斯特罗领导古巴革命开始，我们就寻求与古巴加强经济和政治交流，我们应该在军事地位和美洲的领导地位方面表现得更好。但是，那时我并没有制定核心政策的权力。

为蔡斯工作时，我还获得了其他机会，作为美国的代表律师去考虑如何最大限度地深入实现"公众利益"。例如，我曾到巴拿马出席国际审判，为美国在巴拿马运河区大暴动中采取的行动辩护；也曾远赴日内瓦，在一次有关美法之间国际航空权归属的国际仲裁中协助蔡斯。这些都是我曾处理过的较为吸引人的问题，我十分享受这些经历。其中许多事件不仅让我作为美国政府律师，在为"公众利益"服务的诸多问题上拥有更为丰富的见解，还为我写的前几部书提供了素材。其中一本书是我与蔡斯和他的另一位助理安德烈亚斯·洛文费尔德共同创作的，后者现在成为了纽约大学法学院的特聘教授。在我们这部长达三卷、名为《国际法律程序》（*International Legal Process*）的著作中，介绍了一种特别的国际法教学方法，它与以往遵循的任何一种方法都不相同，注重运用国际政策制定者所面临的现实问题，来讲授国际公法实践过程中所需的知识和技能。

私人执业律师一定会有客户光顾，但是政府部门的律师承担着代表"公众利益"的责任，无法说出客户的具体名字。作为国务院的资深律师，从某种意义上来说，蔡斯在为迪安·腊斯克工作，但是在像古巴导弹危机这样的诸多事件当中，蔡斯会直接与总统及其在白宫的首席国家安全顾问共事。那些被指派了法律顾问的人一般都不在他的工作职责范围内。白宫法律顾问主要在总统的个人事务中担任律师。只有在副总统迪克·切尼的支持下，总统或副总统才会考虑，他们应在国家安全的相关法律事项当中拥有自己的代表律师。

蔡斯教导我，当他为国务卿"效力"时，美国人民就是他的客户；还有，公民参与需要在判断时具有一定程度的独立性，这种判断不能被任何人推翻，即使是国务卿也不可以。他一直向我强调的是，我们要时刻记住，公民参与一定要为公众利益服务。理论上，国务卿腊斯克可能会因为他与蔡斯观点分歧太大而解雇蔡斯。当然，这样做也是有其风险的，特别是如果蔡斯选择了将任何可能造成两人决裂的事件公之于众。事实上，腊斯克，这位申请就读法学院却没有坚持完成学业的政府官员，非常尊重蔡斯，这个观点得到了副国务卿乔治·怀尔德曼·鲍尔的认同。副国务卿本人就是一位声名远播的国际法律师，在该领域有多年的执业经验。

像蔡斯一样，我认为公众是每一位政府官员唯一的"客户"。对于在城市工作的公职人员来说，公众就是该市的市民。对于联邦政府来说，公众就是所有美国人。每一位联邦政府的官员都发誓要"支持和捍卫《美国宪法》……"这给人的感觉似乎是：总是会有某个法庭来判定联邦政府的官员是否在美国宪法和法律规定下履行他们的义务。但是，我在国务院工作的第一手经验告诉我，许多，甚至可能是大多数关于政府官员是否遵循法律的问题，都不可能由法庭裁定，因为没有人拥有"诉讼立场"，即提出诉讼的权利。

例如，在 1962 年末，作为年轻的政府部门律师，我负责决定哪些与李·哈维·奥斯瓦尔德以及其他事项有关的国务院文件送往沃伦委员会，这个委员会由约翰逊总统任命，来调查肯尼迪总统遇刺事件。在肯尼迪总统遇刺身亡这个沉痛的日子之后的几周，我浏览了我能找到的所有有关奥斯瓦尔德的文件。因为他在古巴待过一段时间，还和一个苏联女人结了 30 婚，所以，暗杀事件是共产主义的阴谋而奥斯瓦尔德仅仅是个替罪羊的说法甚嚣尘上。最终，沃伦委员会得出结论，奥斯瓦尔德是在按照自己的意愿做事，尽管每年都不断有书出版质疑这个判决。这只是我非常有趣的任务之一，那时我还不到 30 岁。我想说的是，我在这项调查中负有主要责任，但是没有人会因为我遗漏一些应该标记并发送到委员会的文字资料而提起诉讼。作为我责任的一部分，我在国务院会有非同寻常的机会，来参与决定哪些是合理的"公共政策"，然后使之付诸实施。

然而，在一些情况下，即便我认为某些政策是大错特错的，我还是要奉命担任美国政府的代表。其中一个闪现在我脑海的案例，就是提交美国联邦最高法院审判的案件"赫伯特·阿普特克案"（Herbert Aptheker, et al v. The Secretary of State，378 U.S. 500，1964）。阿普特克先生是一位美国公民，他在办理美国护照时遭到拒绝，理由是他是某共产主义组织的成员。根据美国《颠覆活动管制法》（Subversive Activities Control Act）的要求，他被禁止申请美国护照，这也意味着他无法出国旅行。阿普特克声称，他在宪法保护下享有出国旅行的权利，执行国会法令的美国官员不可以限制这项权利。司法部向蔡斯和我求助，让我们代表美国政府来维护这项国会法令。我们俩都认为，依据《颠覆活动管制法》的法规而拒绝为阿普特克办理护照这一做法是违反宪法的，但我们也认为，因为管制法是由国会批准、杜鲁门总统签署的一项法令，所以这个案件的确应该由最高法院来审理，而为美国政府服务的律师可以在法庭上为该法令的有效性作出最充分的论证。在此基础上，我和蔡斯竭尽所能搜集最强有力的法律论据，私下里却希望最高法院会判决阿普特克胜诉，事实也的确如此。阿普特克以6∶3的结果获得胜诉。我们认为，我们已经正确地捍卫了"公众利益"，并且最高法院也给予了公正的判决。2011年，奥巴马政府采取了不同的做法，政府决定不就"《婚姻保护法》（Defense of Marriage Act）违反宪法"的控诉进行申辩。据我所知，政府对国会法令作出这种判断的情况十分少见。

31

欧内斯廷

我还记得我第一次参加政治选举。当时我读四年级，坐在教室的一个角落里，那里的桌子都被仔细地摆放在一起，每个人都会将纸张向左、右两边传送，直到最后它们在我面前堆成一摞。包括我在内的几位同学，试图通过这些翻折过来的选票，瞥见其他人在这张很薄的纸后用铅笔写了什么。我从背面看到的多数是投给G的，偶尔也有投给B的。

那是2000年布什和戈尔大选的时候。老师宣布："同学们，今天是一个非常重要的日子——大选日。我们将会在班级里投票。"接下来他又向我们讲述了投票的条例和规则。我们每个人都会得到一张像我手掌一样大小的纸，老师说："这就是你们的选票。如果在投票前你认为自己选错了，你还有权得到一张新的选票。"她询问我们是否了解选票上的三个参选人——布什、戈尔、纳德——但似乎只有几位学生对参选人的观点了如指掌。

在 10 分钟内填完我眼前的这张空白选票对我来说有一点伤脑筋。我对当时的时事政治还不是很了解。我记得听大人们讨论过，有一位候选人倡导将社会保障资金用于个人退休补助，另一个人则认为政府预算结余应该用在加强医疗救助上。但是那时我刚刚 10 岁出头，医疗保险是我最不关心的事。

这样我把票投给了纳德，不是因为我支持他的政治立场——我对他所赞成的观点知之甚少——而是因为我们班似乎没有别人喜欢他。我不是很清楚政治是怎样运转的。我当时还远远未及选举年龄，但是用铅笔涂上一个候选人的名字，并且装作我的判断是可以算数的，这件事本身就很离奇。要不是我在上高中时的另一次政治经历，我大概还是停留在之前的无知状态。

在我第一次"投票"的五年后，我坐在费尔南多谷的民主党办公室里，那里有一个廉价的塑料桌子，上面摆着一部有罗圈型软线的老式电话。这间办公室一边挨着一个99美分店，另一边挨着一家折扣服装店。32这一天，洛杉矶的温度达到了华氏90度，我躲到一间带空调的办公室，打了一连串的电话。我不确定哪个更容易些：在一个又小又闷的办公室里拨打一个又一个电话，还是在闷热难忍的高温里走门串户。我们有一个名单，名单里的人曾经和民主党合作密切，但是在过去的几年里，他们却并未参与投票。我们的责任是把他们的冷漠转化为行动。打电话就像一场比赛，看谁能打得最多，谁能用一只手平衡笔和电话，谁能在最短的时间让更多的人发生转变。一边走一边发传单就像看谁能在酷暑中运营一间工厂一样，我们有一个小的传单流水线：一个人会从胶带上撕下一小块，把胶带卷成一小块双面胶；另一个人将会把胶带轻拍在传单的背面；第三个人将会把这个传单重重地拍在建筑或是房子的墙上。这些活动要求很高，它们是冲刺和马拉松的混合。

凯利姆·托侬是我大学先修课程（Advanced Placement）中的美国史

老师，在我们学习了大量有关美国建国以来政治是如何影响美国历史的史实之后，他把我们赶出教室，并且要求我们每个人完成至少 10 个小时的服务于政治的志愿活动。我的同学和我都还没达到选举的年龄，但是我们根据自己的选择，把时间奉献给了政党，或者是民主党，或者是共和党。我们同样把时间贡献给了倡导烟草税的投票提案和地方选举，以及所有旨在服务于公共利益的活动上。通过这些经历，我对政治运转的重要性有了更好的理解。托依先生还鼓励我们所有人继续参与到这样或那样的政治活动中去，不局限于学术知识，直接为公众利益服务。

服务于"公众利益"可以采取许多不同的公民参与形式，这些形式既不拘泥于政治，又不拘泥于像托马斯在大部分职业生涯中所做的那类政府服务。我和托马斯所采访的年轻的公民志愿者中，有一些参与到推动公共政策或党派政治的活动中，但是更多人并没有这样做。和那些年轻人交谈时，我们倾听了他们通过参加国内外各种各样的民众团体，为帮助他人付出了难以想象的努力的生动经历。当我们问到他们对于党派政治的看法时，他们认为，同直接参与党派政治相比，他们更愿意将自己的时间和精力投入到非营利团体的公共服务中，直接为有需要的个人和社区提供帮助。许多人都说，他们认为这种公民参与的形式不仅给他们带来更多快乐和个人满足感，这是一种超越"小我"、成就"大我"的感受。当我们继续追问的时候，一些人表示，尽管他们非常了解直接参与政治来推动民主事业的重要性，但政治似乎总是受到金钱的影响，而且政客们经常显得对资助者感恩戴德。和那些直接服务于非营利性组织的工作比起来，政治显得有些缺少吸引力。

我自己和我朋友参与到这种民众团体中为他人提供帮助的经历，就可以解释为什么我强烈地认为，帮助有需要的人可以服务于全民福祉——也就是服务于公众利益，这与特殊利益和个人利益截然相反。正如这些故事所表明的那样，我把公众利益看成是一把宽大的伞，在这把大伞的庇护下，一系列的公益活动方可开展。

我和托马斯曾经与路易斯·奥尔蒂斯交流过。我曾经帮助路易斯给

33

拉丁美洲非营利性组织"祖国的屋顶"（Un Techo para mi pais）招募过志愿者。在和路易斯共事的时候，我知道了为那些露宿街头的人建造过渡性住房是如何服务于"公众利益"的。路易斯介绍了他们的情况，这个民众团体致力于帮助那些无力购买或建造住宅的人满足一项基本的人类需求——家。假以时日，那些人会渐渐获得资源来建造他们自己的房子，但是在过渡期，这一组织保证了他们会有一个称作"家"的地方。

我还记得路易斯和我谈到，有一天他一遍又一遍地洗脸，热水慢慢地淌过他脏污的前额和脸颊的细纹中。他揉着充血的双眼和鼻梁，肩膀上洒满了水。但是，他仍然觉得脏。他刚刚从位于墨西哥城中部一个叫作"冰块"的小村庄回来。这村庄的名字恰如其分地反映了当地的天气。路易斯还回忆起了当他去往坐落于玉米秆中间的简易茅厕时，寒冷的风刮过了他裸露在外的皮肤。那里连厕所都没有，更别说社区里的排污系统了。除了当地的寒冷，路易斯还回忆了当地居民在烂泥里的糟糕生活。他记得孩子们的膝盖上沾满了成块的干泥，试图推着木质的玩具小车穿过污泥。淤泥陷住了他们玩具车的车轮，迫使他们只能缓慢地、一点点地向前移动，哪怕快一点都不可能。

34

路易斯在"冰块"村待了三天，那期间他在"祖国的屋顶"工作，举木板，钉钉子，最后建成一个家。这个家建成的时刻，就是他此行最美好的时刻。这个家只保持了几分钟的整洁，一个男孩便冲进房子，在干净的木质地板上推他脏兮兮的车。那个玩具车平滑地滚动着，比以往任何时候都快，在它滑过的痕迹上留下了厚厚的一层泥印。那是一个让路易斯确信把他的兴趣转到服务公益上的时刻，特别是帮助那些缺乏基本生活资料的人们。尽管在外表上他觉得脏，他的内心却感受到了干净和纯洁。他回到家洗了个热水澡，但他并不认为自己的工作结束了。他知道自己可以感受到更纯净的内在和外在。他要做的远不止是帮助那样一个家庭，他必须修建更多的房子。

对于凯文·莫和姆都·艾拉戈潘来说，公益服务是使那些处境最危险的人得到健康保障。他们在斯坦福大学的"南亚预防性健康推广计划"

（South Asian Preventive Health Outreach Program）中做志愿服务工作。他们通过该计划组织的一个项目，是给旧金山国际机场和峰田·圣荷西国际机场的出租车司机提供预防保健援助。这一项目包含了健康普查、饮食推荐和提供免费锻炼器材，以阻止或缓解出租车司机由于经常食用快餐而引发的心脏病。

凯文和姆都告诉我们，有一次他们和一群大学生在峰田·圣荷西国际机场第五航站楼外，将一些简单的医疗器械分散地放在两张桌子上。当凯文随后为一位出租车司机进行健康普查时，他问道："你早上都吃什么？""四层汉堡，"那个出租车司机轻声笑道。"你们这群年轻人为什么要带着医疗设备下来装成医生呢？美国的出租车司机永远生活在最底层"，凯文的病人继续说道，"我们得到的通常是最差的，我们甚至接触不到真正的医生。"

35　　凯文引导着出租车司机，将他的手掌放在两个连接着屏幕的金属把手上。金属感应器是用来计算一个人的心率的，尽管它看起来像带着两个突出把手的游戏机。当屏幕显示他的高血压为 142 时，这个出租车司机明显生气了。

"你们以为知道自己在干什么，但是你们不知道！"像这样负面的评价在凯文和他的朋友姆都以及其他学生对上百名出租车司机进行检查的 3 小时中从未停止。那是星期六，机场随着司机们进进出出而喧器不止。学生们刚刚测完了一批司机，并且准备收起东西离开。三辆车的后备箱敞开着，在人行道的路边一个接一个地排列开，大家开始装车。

当一个黄色的出租车驶进航站楼时，姆都正开始把血压泵、计算仪和心率监控仪抬进他的车里。那个司机看起来好像比其他人更着急一些。他是一位来自中东地区的男子，穿着带着几块油渍的马球衬衣，猛地把车门推开。他刚刚完成轮班。他的眼睛注视着那些医学院的学生，精神抖擞地朝他们走过去。

"我能检查一下吗？"他问道。姆都停顿了一会说道："当然可以。"凯文和姆都那天本来可以离开的，他们报名参加的志愿工作只要持续 3 小时就可以了。但是他们决定把其他的事情放在一边，重新卸下所有的装备，帮助这位司机完成健康检查。正如姆都所说："既然你把健康推广当成自己的任务，那么任何人都不能被忽视。"凯文也同意姆都的观点，说道："如果有人需要检查，那我们就必须为他做。"

虽然一天中听了不少牢骚抱怨，但凯文、姆都还有其他学生志愿者认识到，向个人提供健康支持也是为公共利益服务。其中必然涉及做一些超额的工作，但这样才能帮助到更多有需要的人。

对于我来说，为公共利益服务包括访问老年中心和分享音乐的魅力。不过，我首次访问位于旧金山的一间老年中心的经历，说得好听一点，是令人困惑的。我实在不知道怎样令一群上了年纪的人开心。然而，在此行的最后，我觉得自己更好地理解了公民参与的重要性和力量。

我从附近摆满垃圾箱的中心侧门进入，经过了装潢、布置完全相同的房间，每个房间里有两张床、两把椅子和一扇窗户。我看到有间房里有位中亚裔老妪坐在淡蓝色床的床沿上。她的眼睑周围布满了深深的皱纹，亮如珍珠的双眼下面是下划线一样明显的眼袋。她注视着我，布满褶皱的饱经风霜的手前后移动着，但是脸上没有任何表情。 36

"她为什么悲伤？"我想，猜测她是否听说我是来这演出的。我一路经过其他患者的房间，最终进入了走廊尽头的一间。那个房间的病人平躺在一个轮床上，不过盖着她腿的被单细微地起伏着，似乎在暗示她竭力要逃离我，因为我是和一名护工一起进来的。在我进入她的病房时，她将头扭向屋内，背对我们。另一名护工从我身旁穿过，进入了房间。他的活力和床上妇人的虚弱无力形成了鲜明的对比。他猛地拉开百叶窗，并且喊道："有人看望你！"光线像潮水一样涌进屋子。

我看到那位老人的眼睑闭上了一点。那个护工拉了一下床边的一个开关，使轮床向上并且朝着我的方向倾斜，但是她始终挪动着身躯，试图离我站的地方尽可能地远一点。

我不知所措。最后，我踮着脚靠近她，在她的床头几上，挨着血压仪轻轻地放了一块甜饼干和印着笑脸的卡片，然后就离开了，和我来时一样快速。好在也差不多到我开始音乐表演的时间了。

我一只手拿着长笛箱，另一只手拿着乐谱架，几张松散的乐谱和自制慰问卡差点就从我包里蹿出来。我经过其他的老人——他们之中许多人看上去很冷漠又很无精打采，然后进入了他们的休闲室。这是一间普通的屋子，只有咖啡桌上的棋牌游戏和宾果卡显得有些生趣。一些老人已经到了，正在打牌、聊天。

我开始组装我的长笛，排好音乐谱，调低我的乐谱架以使我能勉强看到观众。就在此时，其他老人缓慢地进入房间，包括那位我之前遇到的眼神很亮的老妪。当他们在前排坐好时，其他卧病在床的老人们也被推了进来，他们的轮床排在房间的后面，好像整装列队的哨兵。一位老妇的手臂上有一个突出来的塑料管子，她的状况甚至比我先前遇到的那位更糟糕，她坐在那里，这使我更加害怕起来。

我紧张地拿起长笛，开始了演奏。当我吹奏时，我的眼睛时不时地从乐谱的黑白音符上移动到观众身上。我的目光与一位老人呆滞的目光不期而遇，他的目光令我打了个激灵，奏错了一个音符。我连续演奏了大概 30 分钟后，几张乐谱掉在了地上。我转移目光，又多演奏了几个音符，然后决定结束表演。

整理物品时，我担心地想，"他们喜欢吗？"那个带着警惕眼神的老妇，看起来是那样呆滞和悲伤，我想知道她是否会喜欢我的演出。正当这疑问在我脑中徘徊不去时，我感到有人从后面接近我。

转过身，我发现她站在离自己几英寸的地方，也看见了她那一双圆圆的眼睛和一张褶皱的脸。然后她用湿冷的手轻轻地握着我的手，微笑浮现在她布满皱纹的眼睛里。常常，是微笑、握手这样简单的动作让我坚信，公民参与应该只服务于公众利益。那日，我明白了公民参与的回报不都是显而易见的。有时你想要去帮助的人并不欢迎你。你甚至都感觉不到人家感激你，更不要说看到了。你因为付出而得到感谢的机会微乎其微，而被你帮助的人脸上浮现的笑容，可能是他们表达感激的最佳方式。

拉克尔·爱耐德在工作中也遇到过类似的困难，那是在她大一结束的暑假。当时她在维萨扬论坛基金会（Visayan Forum Foundation）实习，准备前往菲律宾，去帮助那些人口贩卖罪行或现代奴役制度的受害者。

拉克尔的姐姐卡特在那之前的三个月里，在维萨扬论坛基金会做志愿服务工作。她提醒拉克尔说："要见成效需要很长时间，那将是一场战斗。"但是，只看工作说明，拉克尔认为她明确知道将要干什么，并且热切地期待参加到菲律宾宿雾市（Cebu）的工作当中去。拉克尔的专业是全球健康，人口贩卖则是她的研究兴趣所在。因此，与维萨扬论坛这些人打交道的工作看似合情合理。她的自信心和决心在她刚到达反人口贩卖组织并见到区域联合负责人时，变得更加高涨。利嘉雅是一个身材矮小但充满活力的菲律宾妇女。她坚定的态度和富于感染性的热情使拉克尔愈加兴奋于自己能投身到这个组织的工作当中。她想起了姐姐的提醒，甚至怀疑那些是不是真的准确。晚上躺在床上，盯着开阔天空中闪烁着的几颗星星，尽管到了新环境往往需要自我调整，她还是感到惬意和舒适。

第二天，拉克尔接触了一些菲律宾当地的工人，或者是"女仆"，他们都受到了雇主的虐待。其中不少是未成年少女，她们每天要工作 15 小时以上，来打扫、做饭和照顾雇主的家庭。有一些人除了被迫长时间工作外，还遭到虐待。维萨扬论坛旨在给她们提供广泛的帮助和支持。站在一群陌生人的中间，拉克尔仔细看着她周围的这些人，目光慢慢地移动，在每个人的脸上都停留几秒，仔细端详。

一个小男孩朝着她们快速跑来，有说有笑，他很明显是在谈论拉克尔。"安静！"一个女人指责道："难道你不知道她能听懂么？"除了拉克尔的每一个人都在咯咯地笑。

就是在那一刻，拉克尔意识到她不能按照她想要的方式来帮助这些女性。她感到困惑，这种困惑不同于她多年在校学习的课堂上所产生的感受。那些女人对于和她分享她们的经历感觉并不舒服。这与自己工作的那段完美描述大相径庭。

"我不知道我为什么来，"拉克尔向她姐姐哭诉道，"这简直是大错特错，我接下来要怎么办？"

　　"留在这儿，跟着我做，"她姐姐卡特回应道，"你来这儿是有意义的。"拉克尔不情愿地同意了，但是在接下来的几天和几周中，情况确实改善了。然而，她仍然因为表面上缓慢的进展而灰心丧气。与主管的会面经常被重新安排，突发情况经常离奇发生。"腐败、自利和官僚主义妨碍了我的努力，"拉克尔对我说。

　　当她的暑期经历即将结束时，拉克尔终于决定在与利嘉雅开会时，要把所有这些问题都抛给她。这个会本应该是下午2点钟召开的。当她正准备离开她的房间时，利嘉雅给她发了一条短信，要求推迟30分钟见面。这对于拉克尔根本不是问题，因为似乎在她待在菲律宾期间的每一个会议都会被重新安排。甚至，当拉克尔在下午2：30分的时候被堵在路上、不得不要求利嘉雅把会推迟得更晚时，她也一点都不觉得愧疚。最后，在约定时间的一个小时之后，利嘉雅和拉克尔在一个咖啡厅见了面。带着混乱和令人沮丧的心情，拉克尔对利嘉雅脱口而出："你是怎么做到的？你怎么能一直在这个领域工作？在这里，每当貌似要前进一步的时候，你就会被往后拉十步！"

　　利嘉雅毫不犹豫地回复道："拉克尔，我的人生信条就是传播美德。我可能改变不了这个体系，但是如果我可以把美德传播给哪怕一个人，并且这个人将美德传递给另一个人，我就知道我的坚持不是徒劳无功。这就是我坚持下去的力量，我每晚带着这样的信念入睡。"

　　这一有力的话语——"哪怕向一个人传递美德"，成了拉克尔日后在菲律宾乃至其他地方工作的精神支柱。我的朋友迈克尔·塔布斯为斯托克顿市议会创立并经营一个非营利组织——"菲尼克斯学会"（The Phoenix Scholars）。他告诉我，"这就是星火燎原的力量。如果你改变了一个孩子的生活，你就可以改变一个家庭，一个街道和一个社区"。服务于公众利益可以意味着通过改变一个人的生活进而改变整个世界。

　　为公共利益服务有很多方法。你可以像托马斯所谈到的那样，参与政治或者政府工作，也可以为各种我所提到的这类公民组织做志愿者。你可以帮助那些有需要的人盖房子，给他们提供健康保障，或者通过其他的方法服务于当地社区，来提升那些需要帮助人们的生活状况。我知道，那些得到我们帮助的人，往往并不感谢我们，但是我们需要记得，帮助他人的成就感本身就是回报。而且，有时我们的确可以感受到他人的感激之情，就比如我在"金英亩老年中心"（Golden Acers Senior Center）感受到的。这段经历会烙印在我的记忆里，永远鲜活。

日子一天天过去了，最终我们迎来了在"金英亩老年中心"的最后一场演出。我和视觉艺术与音乐协会的同事们收起了所有我们摆放在活动室的东西。宾果卡，齐了；笔，齐了。在混乱中，我感到有人轻轻拍我的肩膀。"善良的孩子，拿着，"一个苗条的白发女人说道。她的眼睛周围有着细小的皱纹。她往我的手里放了一片纸，在我抓住纸条的一个边之后，她还在轻轻地往我手里推。这是我们在几分钟之前用来记录情人节宾果比赛得分的纸。

我打开这个纸条，里面的内容半手写体、半打印体：

给我们挚爱的学生拜访者： 40

给予你们迟来的欢迎和美好一天的祝福。

我想把我所有的感激带给你们，感谢这一既美好愉悦又叫人惊喜的活动。给予我们如此多的快乐和更多理由，来祈祷能够在这个充满变化和不确定的世界上活得更长久。

我们感受到我们仍然受到关注与爱戴。是的，我们的社会仍然认为我们重要。它打破了我们对于自我的怀疑，怀疑自己只是旧日时光留下的尘埃，如今苟延残喘。

发自内心地，我想重申一遍对于你们这些善良人们的感谢。希望你们能够再来。我们将张开双臂欢迎你们，我们将永远铭记你们短暂的停留。

愿上帝保佑你们，愿你们一生平安。

"金英亩"的全体成员爱你们。再见，祝你们好运，回程平安快乐。

爱你们的"金英亩"的老人们。

　　她用了一个我们自己制作并送给位于此处的老人们的"花笔",写下了这个便笺。我认出了从那些钢笔流出的墨水,那些钢笔被我们用绿胶带缠上了一朵来自迈克尔工艺品店的手工红色玫瑰花。如果她没有把纸放在我的手里的话,我可能会把它丢掉。但是直到今天,我仍然保留着这张纸条。它和其他我在视觉艺术与音乐协会时收到的便条和照片一样,锁在了一个箱子里。它们提醒着我,帮助他人的变革性力量是如此强大。

托马斯和欧内斯廷

我们常常会发现，公民参与的领袖要么着眼大局，要么关注细节，却忽略了两者兼顾。有些人为他们的公民参与活动设计了宏伟的蓝图，却忽略了为实现这些蓝图而必须采取的具体步骤；有些人则执着于具体的细节，却未能长远规划公民参与事务的愿景和现实计划。

欧内斯廷在担任公民参与领袖的初期，很快就吸取了这一教训。正如她在本章中回顾的那样，她曾带领她的非营利性组织成员，组织了一次万圣节庆典，与众多学生志愿者一起，为他们一直关注、服务的成百上千各年龄段的民众庆祝节日。该庆典以"欢聚一堂、分享音乐、共享人伦"为主题进行了广泛宣传，旨在通过分享音乐，将所有人召集到一起欢度佳节。因此欧内斯廷需要一个足够大的活动场地，但当时没有现成的场地。她意识到，如果不解决这一细节问题，整个宏伟计划、所有美好愿景就无从谈起。后来有幸得到某电视工作室高级总监的慷慨帮助，她才找到了合 42 适的场地。但通过这次经历，她懂得了在宣布梦想之前，人们有必要花时间和耐心来解决细节问题，否则就会演变成一场噩梦。

托马斯也经历过一个类似的教训。当他还在与美国副国务卿乔治·怀尔德曼·鲍尔共事时，他的妻子艾伦很可能无意间向与她共餐的记者，泄露了美国在越南战争中战略上的关键细节——美国将要发起主攻，但当他意识到这一点时为时已晚。每个人都知道美国实施的总体战略，但是细节则是高度机密。当艾伦说到托马斯每天与鲍尔工作到深夜时，记者很快就猜到美国即将发动一场袭击。事实证明他的猜测是正确的。总的来说，托马斯从一起共事的吉米·卡特总统身上注意到，他过于纠结于对外援助的细枝末节，而其继任者罗纳德·里根总统则对细则问题关注得不够，连身边的几个关键副手正在策划实施一项非法行动——为尼加拉瓜反政府武装提供支持一事浑然不知。接下来，我们将重点讨论公民参与领袖既应着眼大局，又要关注细节的方法，以此确保在公民参与的过程中，他们所有的同事能够同样做到二者兼顾。

托马斯

　　从多年来的公民参与经历以及相关见闻中，我不断意识到着眼大局的重要性。我有理由指出卡特总统未能遵循这一信条，他若因此受到批评并不冤枉。我曾为其工作过，有过种种亲身经历，这一点后面我会细谈。着眼大局很重要，当面对来自四面八方的强大压力时，这点很难做到，公民参与活动亦是如此。同时我也渐渐懂得，关注细节同样重要。

　　我的一段亲身经历，恰好可以说明这一点。事情发生在 1962 年，我在时任国务院法律顾问的亚布拉姆·蔡斯手下工作。当时，麦卡锡主义依然盛行，时不时就有关于某国务院官员对共产主义"手软"的指控，特别是在阿巴·舒瓦茨主管的部门。他是我的好朋友，时任助理国务卿，负责护照、签证等类似事务。当时，参议院国内安全小组委员会（the Senate Internal Security Subcommittee）正在大肆搜捕所谓的共产党人。国务卿迪安·腊斯克越来越担心有人窃听舒瓦茨办公室的电话，因为他在电话中所做的秘密评论，往往被参议院小组委员会质询。我受命负责查出真相。我被国务卿腊斯克派到美国驻伦敦大使馆，审问一位在大使馆工作的舒瓦茨办公室前雇员。飞赴伦敦一小时前，我才接到通知。后来，在大使馆地下室狭小的办公室里，我花费了几个小时的时间，提审了这位前雇员。事后，我坚信此人并没有参与窃听舒瓦茨的电话，并且他也不知道谁在做。

令我异常尴尬的是，几天后，此人由律师陪同来到我位于华盛顿的办公室里，坦白了他和另一名雇员持有舒瓦茨电话谈话内容的复本，他们已经把这些内容交给了小组委员会的工作人员。他们并没有搭线窃听电话。确切地说，他们在助理国务卿的办公室中安装了小型窃听器，一种微型电子接收器。简而言之，我只关注了大局，却忽视了细节，居然没能区分"安装窃听器"（bugs）和"搭线窃听"（wiretaps）。

1964 年春，蔡斯告诉我他将回到哈佛大学任教，否则他就会失去那里的终身职位。我于是想着能不能去乔治·W. 鲍尔那里工作，他自肯尼迪政府伊始就在国务院工作，先是担任分管经济工作的副国务卿，后来出任副国务卿——国务院的第二号人物，排名仅在国务卿腊斯克之后。当蔡斯离开国务院时，我想我也很快就要回去讲授法律了。但自从我来到华盛顿，我一直敬重鲍尔，尊其为国务院最会运用政策和最善言辞之人。如果他雇用我，我不会放弃为他工作的机会。

我去拜访了鲍尔，并询问我是否可以到他办公室工作，他居然聘请我担任他的助理。我的主要职责是撰写政策分析报告和演讲稿。回想起来，我花费了前半生的大部分时间，为别人撰写演讲稿和函件；又花费了后半生的大部分时间，演讲别人撰写的稿件，并在他人准备好的函件上签字。然而事实上，与鲍尔共事的经历使我懂得，一名优秀的演讲者绝不能仅仅照搬别人的话。如果照搬，最好的情况也只是双方越来越默契。

我为鲍尔起草过很多篇文章，其中只有一篇未被改动过，一个词也没有改动。颇为讽刺的是，那篇文章居然是为《高效写作实用指南》（*A Practical Guide to Effective Writing*，兰登书屋，1965）所作的短序。该书由一位退休的政府官员编写，他曾在政府部门讲授公文写作。我为该书所写内容正是基于我从鲍尔那里所学到的：

有人告诉我，我必须相信，陈述一个观点和这个观点本身同样

44

重要。清晰的表述不可能代替思想，但是除非思想被明确表达出来，否则不可能释放其全部能量。我们当中很少有人能妙笔生花，但我们所有人都可以写得清楚明白。然而，在职业生涯和日常生活中，据我观察，许多写作都试图隐藏观点或缺乏观点，而不是交流思想和目标。

那些可以在句子和句意当中寻找到快乐的人，会享受使用它们的过程。他们可以在深入浅出的表达中找到满足感。但是多年来，从出现在我办公桌上的许多文件来看，许多作者缺少这一美德。

各行各业的人们，包括政府工作人员，都无力表达自己想法，这让我感到十分沮丧。他们所写的几乎每一句话都会与句法产生冲突。很明显，他们认为，句子都应该具有主语和谓语这一说法早已过时。我依然执着地相信，这种不加修饰的陈述语句，是人类最完美的句法构建成就之一，同样也是最珍贵的。

有时鲍尔会亲自起草文件，由我来校对。更多时候，他会修改我起草的文件。无论哪种情况，我们都像团队一样合作。他拥有与众不同的表达方式，可以将属于他的独特词汇和短语组合到一起。他对单词本身以及词义考究有加。和汉德法官一样，他将斯特伦克和怀特合著的《福勒现代英语惯用法》（*Flower's Modern English Usage*）和《文体指南》（*The Elements of Style*）两本书奉为"圣经"。在鲍尔眼中，为表述一个特定观点找到合适的单词的感觉特别棒，几乎胜过了甄别事件是否正确所带来的快感。

45　　鲍尔在把握美国对外政策的关键问题，以及熟练地解决这些问题方面能力超群。他坚信美国的未来主要依赖于与欧盟和日本的紧密合作。美国最主要的敌人是苏联。通过北大西洋公约组织强化与欧盟和日本的合作关系，有利于维护美国的核心利益。其他问题固然重要，但是这才是美国的重中之重。他不希望美国在对外政策上忽视大局，抑或将注意力分散到其他不太重要的问题上。

在陪同鲍尔出访欧洲时，我们用了一天时间与让·莫奈交流，他是欧洲共同市场的总设计师。那天，我对欧美联盟有了深层次的理解。鲍尔对美国与发展中国家的关系不太关心，这并不是因为他对需要美国援助的那些国家缺少同情。正好相反，他强烈支持对那些国家提供援助。他关心的是，美国不能偏离其对外政策的主要目标。在鲍尔看来，越南共和国问题就是美国外交政策的一个重大偏离，因为无论越南共和国的命运如何，美国在越南并没有重大利益。正因如此，他认为美国介入越南内战并促使战争升级，从一开始就是个错误。历史上，法国人曾在那里铩羽而归，鲍尔认为我们应该从法国人的错误中汲取教训，而不是卷入一场毫无胜算的战争中去。他坚信，美国的公众利益要求我们迅速从越南共和国撤军。

在为鲍尔工作期间，我还学会了如何跟记者打交道。我和艾伦都是《纽约时报》驻白宫记者及其妻子的好朋友。一个周六傍晚，我们约好在他们家共进晚餐，但是最终我因一个关于越南军备增加的问题没能成行。艾伦不经意间向该记者透漏，因为与鲍尔还在国防部开会，我错过了当天的聚餐。我们《纽约时报》的朋友马上猜到，美国即将袭击越南民主共和国的传言是一个事实，于是他打电话给报社的同事，让他们追查整件事的细节。没有人知道我和艾伦是这一事件"泄密"的直接原因，但是我们从中汲取了一个重大的教训：好记者当然可以成为好朋友，但是当他们嗅到有价值的新闻线索时，他们的新闻直觉会使他们罔顾友谊。

1964 年 6 月，在我开始为鲍尔工作时，美国已向越南共和国派出了军事顾问。但是当时国家还没有打算派遣部队。然而，越南共和国和美国在越南战争中屡次失利，约翰逊总统开始考虑直接派军队参战。同年 6 月，威廉·威斯特摩兰将军出任美国国防军驻越南最高司令官。 46

那年的大部分时间里，我和鲍尔都在起草各种各样的计划，以便美国从越南共和国解脱出来。这些文件十分敏感，通常一式四份：呈送总统、腊斯克、麦克纳马拉① 各一份，鲍尔自己保留一份。这四个人需要确

---

① 麦克纳马拉，时任美国国防部部长。——译者注

保文件没有被他人复制。当然，这些都发生在互联网时代之前，复印机还没有普及，所以相比现在，在那时保守秘密更容易一些。

虽然美国尚未开启大规模派兵，但是国防部长罗伯特·麦克纳马拉却不断施压，希望美国派更多部队前往越南。这也得到了国务卿腊斯克和约翰逊总统的国家安全顾问麦克乔治·邦迪的支持。比尔·邦迪——麦克乔治的兄弟，时任助理国务卿，负责远东事务，也支持派兵。在所有高级官员中，仅有鲍尔强烈反对派遣军队。

在我为鲍尔工作的早期，越南民主共和国在北部湾（the Gulf of Tonkin）向美国舰船发动袭击。我与鲍尔密切合作，共同起草了一份决议，授权美军对越南民主共和国实施武力打击。国会很快就通过了决议。美国舰船遇袭事件是由国防部报告给总统和国务院的，他们声称对此事确信无疑。然而后来我们才知道，这次遇袭是一次误报，国防部的相关情报毫无根据。麦克纳马拉后来讲到，如果当时知道真相，他不会支持报复行动。

在我与鲍尔共事的这一年中，我协助他撰写了一系列长篇的机密备忘录，呈送约翰逊总统，一一列举了让战争升级是个错误的相关理由。鲍尔将对战争升级持有异议的国务院官员召集起来，共同研讨，这些人在越南和中国的历史及政治方面都有很深的研究。支持派兵一方主要认为，如果美国未能在越南共和国阻止由中国支持的共产主义的渗透，共产主义就会"像多米诺骨牌一样"席卷整个亚洲。他们声称，中国将支持越南民主共和国作为其计划的第一步，随后会出现大规模的政权更迭，这样一来越南共和国就极具战略意义。腊斯克、麦克纳马拉、一些将军以及总统的国家安全顾问——麦克乔治·邦迪一起说服了约翰逊总统，最终他也同意了他们的观点。约翰逊可不想"多米诺骨牌在他任职时期倒塌"。同时他觉得，如果不按照五角大楼的想法果断向越南派遣军队，那么他在国内推行的"向贫困开战"计划（the War on Powerty）早晚会被越南战争拖入泥潭。

鲍尔极力证明该"多米诺骨牌"观点是一个错误的"大局观"，我认为他是正确的。他指出，越南共和国与越南民主共和国的冲突并没有危及美国的核心利益。相反，美国的根本利益主要集中在欧洲和日本，那里才是美国未来的"大局"所在。法国人在越南战败，这说明在越南的领土上，想要打赢越南人异常困难。中越两国间固有的敌意使得越南人不会甘心屈服于中国的统治，正如他们也不会屈服于美国的控制一样。这些关键性细节都被约翰逊、腊斯克、麦克纳马拉等人忽视了。

在为鲍尔工作的后期，我接受了一项任务，被委派将一份绝密的撤军计划带到西贡交给美国驻越大使和军队指挥官们。当时我感冒尚未痊愈，就登上飞往曼谷的飞机，开始了长途飞行。我记得，在华盛顿登上泛美航空公司一号航班，我很快就睡着了，12小时的飞行中我基本都在睡觉。之后，我爬上了一架战斗机，又开始了一段"耳鼓膨胀"之旅，飞越柬埔寨和越南到达西贡。不幸的是，我的旅程是失败的。美国在当地的军事和地方领导，以时任美国驻越大使马克斯维尔·达文波特·泰勒为首，此人曾任参谋长联席会议主席，他们坚信，美国进一步向越南派遣更多的部队是唯一的办法，约翰逊总统居然同意了他们的看法。

在督促美国从越南撤军问题上，鲍尔在"首席法官"——约翰逊总统面前为公共利益辩护时，俨然是一位出色的国际律师。我真正见识了鲍尔作为倡导者的杰出表现。约翰逊听得倒很仔细，他很认真地看待鲍尔提出的这一主张。但是总统最终还是相信了麦克纳马拉和一些其他将军，还有麦克乔治·邦迪和腊斯克，反倒视鲍尔为"魔鬼的帮凶"。很明显，直至1965年6月，我离开鲍尔到斯坦福大学法学院任教时，鲍尔都没能成功地说服总统。相反，1965年的夏秋两季，美国向越南增兵的步伐持续加快。 48

历史证明鲍尔是正确的，麦克纳马拉是错误的。但是麦克纳马拉是一位具有超常说服力的领导者，他可以轻松、高效地引用数据来支持他的观点，更何况他还收编了一大群将才。同鲍尔一样，他也坚持着眼大局，但是在越南战争事宜上，他却没能关注导致美国必败的关键性细节。

后来我有幸能与麦克纳马拉共事。当时他出任世界银行行长，我为卡特总统工作，负责美国对外援助政策的制定与实施。我亲眼目睹了麦克纳马拉在推动长期经济发展方面所展现的杰出才能。但是在越南战争事宜上，正如他自己后来所意识到的那样，错得非常离谱。只可惜当他意识到这种错误时已经太迟了，无数人失去生命、亿万财富悉数浪费已成事实。

　　麦克纳马拉在公民参与的一个领域——越南战争中失败了，另一个领域——世界银行事务中成功了。这再次给我们以警醒：公民参与必须服务公众利益，正如在第二章中所论及的。在上述两个事例中，麦克纳马拉都坚信他在服务公众利益。但他的人性弱点导致其没能意识到，他的行为不仅没有为国家安全带来益处，反而产生了危害，致使无数美国人和越南人失去了生命。他缺少汉德和鲍尔所具有的怀疑精神，当他面对美国前所未遇的敌人时，固执地坚持以军事打击解决问题。多年以后他也终于认识到，使美国卷入越南战争是一个严重的错误。但是他也同汉德、蔡斯和鲍尔一样，都为服务于公众利益作出了最大的努力。我们不能将致力于公民服务与能否作出正确的判断相混淆，这一点很重要。

⁴⁹

欧内斯廷

　　在斯坦福大学读书的时候，我志愿加入学生会和各种各样的大学委员会。在这些角色中，我开始领会到在公民参与过程中把握大局和关注细节二者兼顾的重要性。

　　大二下学期，我被选为学生代表，为董事会服务一年，并且成为学校土地和建筑协会的一名有投票表决权的成员。那时，学校设计并建造了很多建筑。我参与了新机构设置的相关评审，包括艺术与艺术史学院、旨在满足学校 2050 年前全部能源需求的校园能源系统提升项目（Campus Energy System Improvement Project），以及修建院所用以陈列学校新收到的主要艺术藏品。对我而言，在董事会所担任的角色非常有趣，在这个负责管理大学土地和建筑的协会当中，我是唯一的本科生代表。我已经做了很多年的学生，但从来没有从管理机构的视角来审视一个教育机构的运转情况。

我在斯坦福大学理事会和在学生会当中的经历截然不同。每个星期二晚上，我都会坐在为学生机构专门设置的行政楼中的理事会办公室里，与同伴一起讨论重要的问题，然后再转到该项目一些小议题上去。我们主要探讨一些重大问题，诸如削减一些对于学生组织而言不必要的预算等，如何加强斯坦福大学亚伦·G. 瓦登卫生中心（Allene G.Vaden Health Center）咨询和心理服务意识，为参与职业发展中心"校友指导项目"（alumni mentoring program）的学生提供建议等等。但是我们也花费大量的时间来详细审阅相关文件，许多文件比我在斯坦福大学所学的写作课材料还要复杂。我们有时会就个别单词的修改以及如何压缩一些可有可无的篇幅等问题展开讨论，偶尔甚至会争论如何调整要点。

起初我认为，当我到理事会工作时，就不必再关注这些具体细节，因为理事会主要负责从宏观方面对学校相关事务作出决策。但是久而之，我了解到，在作出相关决策时，我们经常需要考虑一些看似细微的专业问题。我关注细节的能力，提升了我同理事会成员以及学校的高级行政人员一同参与理事会决策过程的能力。 50

中国有句古语，"井蛙不知沧海"。于我而言，这个谚语意味着，细节固然重要，但有时你需要退一步而检视大局。在把握大局和关注细节之间找到平衡是非常重要的。参与学生会工作的经历为我在理事会的工作做了准备，我在理事会当中的角色需要我从全局考虑学校的福祉，因为我们所做的每一个决策，都会直接影响学校事务的主要方面，这也提醒我应该时刻留心这些决策的细节。

从这两份工作经历中我了解到，有些东西对于一个人来说是细节，但是对其他人可能就是大局当中的主要因素。我所说的"大局"是指什么呢？我与其他理事会成员交往的经历使我了解，人们的目标各有不同，他们会依据自身的背景，以不同的方式来定义大局。

在土地与建筑委员会的会议材料上，在左上角斯坦福大学校徽的下方，我经常写下"可持续性"一词，或者在我的笔记本上写上它的其他变体。于我而言，大局就是如何为学校创建一个可持续发展的学校环境。这是我的一个特殊关注点，也是我本科专业的重点。我认为斯坦福大学不应该只是建造更多的设施，而是应该建造一些生态平衡的建筑。对于委员会的其他人，大局则意味着首先考虑一些高质量的建筑设计。当然，还有一些人更关注经费。

同样，那些同我和托马斯探讨过公民参与的年轻人，也从不同方面定义大局。以肖恩·罗素为例。我第一次遇见肖恩是通过国家农场（State Farm）的青年咨询理事会（Youth Advisory Board）。因为我在高二的暑假被选拔为这个组织服务。国家农场公司每年从它的慈善捐赠当中拿出 500 万美元，给青年咨询理事会。该理事会负责向整个北美地区由青年人主导的服务学习项目分配行政补助金。共有 30 名学生在该理事会任职，共同决定如何在参选的提案中分配资金。参加青年咨询理事会（或 YAB，我们常这样称呼它）最大的好处，就是可以有机会与美国和加拿大地区的公民参与领导者建立良好的个人关系。

在佛罗里达州，肖恩发起了一个"收藏起来——别扔掉它"的活动，旨在鼓励回收和再利用尼龙钓鱼线或其他海洋废弃物，而不是将它们随意处理掉。对于肖恩来说，该活动的大局就是让不同年龄的人加入到回收和再利用中来。在佛罗里达州某港口的一场钓鱼争霸大赛上，我有机会了解了肖恩所从事的公民参与实践的重大意义。

正如他同我讲述的关于他的故事一样，我能想象到这样一幅画面：大小不一的船只驶进港口，打破了水面的平静，泛起了小小的涟漪，紧接着金黄的圆圈浮出水面，缓缓展开，伴随着夕阳慢慢消失在地平线上。家人和朋友站在岸边，期待着渔船带着等待称重的鱼驶进港口。肖恩也在码头等着渔民靠岸。他坐在木质展台上，留意到一个小女孩。"你钓鱼吗？"他问道。小女孩有着驼棕色的头发，这些头发披散在她的脸侧，构成了甜心的图案。她点点头。肖恩递给她一个可以装下单人钓鱼线的盒子，它是用一个回收的用于装网球的罐子做成的。盒子上的标签很明显："收藏起来——别扔掉它。"当他看到小女孩将盒子夹在她的皮带扣上，然后跑向她父亲时，他露出了微笑。她父亲刚刚下船，也是来参赛的，头发发色有点浅，卷曲、略显凌乱。他和女儿一样，也在皮带扣上挂了一个回收利用的小盒子。父亲和小女孩都承诺，要成为负责任的钓鱼者，这让肖恩无比欣慰。

肖恩发起"收藏起来——别扔掉它"的活动时，才刚刚开始与佛罗里达州 4–H 规划中的年轻人合作，同期还有一位年迈的学者，他正在佛罗里达州萨拉索塔市摩太海洋实验室开展一项关于海豚的实验。他通过学校活动、夏令营和一系列环境组织，召集了各年龄段的年轻人和成年人。他们共同推进了"有责任的垂钓"以及"减少海洋废弃物"的事业。

肖恩告诉我们，在公民参与中召集各年龄段的人是非常重要的。他说："这并不仅仅是一项没有成年人支持的年轻人的活动，这也不是一个由成人经营的组织。"这是将各年龄段的人们召集起来，去实现一项伟大的事业——年轻人、老年人，人人皆可。

亚历克斯·维尔特是国家农场青年咨询理事会的另一位资深董事会成员。对他而言，大局意味着在公民参与过程中细心聆听那些需要帮助的人们，了解他们的想法。他支持青年参与公共事务，同时也在"行动起来"（DoSomething.org）以及"美国青年服务"（Youth Service America）两家机构的青年理事会任职，这两家全国性的组织旨在帮助青少年寻找到适合他们加入的公民参与实践。

亚历克斯告诉我，在教育部第一届国家青年峰会上，他与三个政府高级官员和来自全国各地的 30 名学生一起，志愿主持一个研讨会。他回忆到，他们拿着一个麦克风来回踱步，回答问题——一个接一个，不断有人举手。那么多年轻人想要发言，试图让别人听到他们的声音。亚历克斯的职责是确保每一个学生都感觉到，团队中的所有人都能够听到他的想法，并尽可能地将志趣相投的人联系在一起。

亚历克斯告诉我，有一个来自纽约布朗克斯区的非裔美国男孩非常特别。在开会期间，男孩看起来非常失落，在座位上蠢蠢欲动，不耐烦地

52

挥动着手，举了好一阵子亚历克斯才叫到他。"我们怎么知道举办这次峰会不过是一次作秀呢？"他突然问道。

　　直到那一刻，亚历克斯才清晰地意识到，真正想参与公民服务的青年人，不只是为参加一次峰会。他们不单是为了和大家交谈一天而后各回各家。他们希望他们的声音能够被倾听，并且也能得到反馈。通过这次经验，亚历克斯提醒了我公共服务的一个最重要方面：在帮助别人时，你必须仔细听取别人的想法。让他们围坐在桌旁，和你一起商讨出改变之策。

53　　蒂姆·夏是我的一个朋友，他曾就读于美国西点军校，并在伊拉克战争中服役。他曾对我说："只有在一对一的基础上了解人们，我们才能知道他们经历了什么。"

　　我曾多次被拒绝，大家也并非总是倾听或者认可我。我记得当我走进"北部休闲中心"（Northridge Recreation Center）办公室时，我既激动又害怕，心怦怦地跳着，我信口说道："你好，我是欧内斯廷·付，我是视觉艺术与音乐协会的创建者和负责人。"那位主管上下打量了我一番，问道："你多大了？"没等我回答，他突然说道，他们中心和我这样年轻人没有打过交道。没有必要的许可，他们中心不可能冒险给"不规矩的孩子"提供住宿，他口中的"不规矩的孩子"就是我的志愿者。之后，我便垂头丧气地离开了。

　　后来，想起他那个"不规矩的孩子"的评价，我自己笑了笑。他根本不知道哪些孩子才是"不规矩的孩子"。于是我想到了在视觉艺术与音乐协会遇见的那些孩子。有个叫布列塔尼的孩子，两岁大，一双蓝宝石般的大眼睛、肉肉的脸颊、光滑的皮肤，半边脸上及脖子下部长了一些红红的斑点。她曾经大笑着要我吃曲奇饼，饼干上面粘着浓郁的巧克力酱，中间混夹着劲道的棉花糖和坚硬浓郁的糖果。我正吃着，嘴边沾着红色的糖霜和饼干的碎屑，胃也因为负担过量的糖而抽搐，布列塔尼又大笑着将另一半饼干放到我嘴边，叫我张嘴。饼干上浇着一英寸高的糖霜，蘸着桌上十二种浇汁。没等我吃，她已经吞下了她那一半。我咀嚼着，强迫自己吞下它，并且舔下我唇边多余的糖霜。布列塔尼笑得合不拢嘴，脸圆嘟嘟的，这更映衬出了她眼睛附近的红色斑点。布列塔尼和其他孩子才是那些"不规矩的孩子"。几周后，当我去拜访哥伦比亚广播公司演播中心总监迈克尔·克劳斯曼时，我主要介绍了与我和布列塔尼共度的时光类似的一些经历。

2008年8月，视觉艺术与音乐协会的万圣节年度狂欢活动开幕两个月前，我迫切需要一个大的场地，大到足够容纳五百多名孤儿、寄养儿童、流浪人员以及一百名志愿者。志愿者花了好几个月的时间来筹备这一活动，我们期待将它做得比以前更大、更好。幸运的是，布鲁斯·内科尔斯帮助我联系上了克劳斯曼先生。布鲁斯是一位获奖作家、演员，也是我早期公民参与实践的支持者。

当我被护送着，经过两个高大的警卫，登上一组很宽的楼梯去见克劳斯曼先生时，我担心可能又会遭遇白眼。当我走进他的办公室，我留意到数百个令人印象深刻的名牌、奖状以及奖杯，隐隐听到办公室角落的电视正在播出哥伦比亚广播公司的新闻节目。我心想，"这可是个大人物，他绝没有可能帮助我。"我以为，克劳斯曼先生和哥伦比亚广播公司演播室会简短无礼地拒绝我。幸运的是，我想错了。

我走进办公室时，克劳斯曼先生正坐在黑色的木制办公桌后面，停下手头工作，很自然地抬起头。先生身材瘦高，头发是深咖啡色，留着整齐的中分式发型，戴着方形眼镜。我很紧张，拿出了五颜六色的宣讲册，指着皱巴巴的地区报纸，解释视觉艺术与音乐协会的目标和近期的活动。他始终淡定地坐在那里，略显严肃。随后我简短停顿，想听听他的意见，他收起那严肃的表情，微笑着问了几个问题，"好吧，你想让我做什么？""我希望能借用您纽约街的电影场地，举办我们即将到来的视觉艺术与音乐协会的万圣节狂欢庆祝活动。我们真的需要一个大的场地，足够容纳五百多名孤儿、寄养儿童和流浪人员，可是我们租不起，"我回答道。他咧着嘴笑着说："当然可以，我们就在那里办活动。"

正如我了解到的那样，对于麦克·克劳斯曼来说，他的大局就是和蔼对待每一个人、尊重每一个人。我的朋友玛塔·汉森用她最喜欢的谚语

54

来描述克劳斯曼先生的观点："对于整个世界来说，你可能只是渺小的一个人，但对于一个人来说，你可能就是整个世界。"

　　玛塔·汉森曾经为旧金山湾区的中学生设计并举办"随机的善意行为"讨论会。讨论会在一间教室里举行，里面挤满了十二三岁的学生。在一次讨论会上，有个叫约翰的男孩很特别，令人印象深刻：他留着乱蓬蓬的黑色长发，穿着一条有破洞的牛仔裤和一件宽松肥大的黑色 T 恤衫。他的这幅形象很是引人注意，只是他坐的位置有点偏。他坐在教室后面，靠窗边的一个角落，时不时晃动椅子，在整个讨论会上都漫不经心。如果他一直都保持安静，很少有人能注意到他。不过尽管他坐的位置很偏，约翰还是让每个人都意识到他来了。约翰初次走进教室那一刻，玛塔·汉森顿时就感觉麻烦来了。"为什么他在这？是她妈妈逼着他来的吗？"她想。

55

　　当她分发"善意材料"时，这些想法始终在玛塔的头脑里回荡。材料是一个标准的马尼拉信封，里面装有一沓五颜六色的便签，盖上邮戳的邮票，胶水和其他装备。绿色的便签卡上写着："分享即是关怀：自己吃一个，分给别人一个。"便签卡直接贴在了两小块银河巧克力上。约翰第一个撕开糖果并将其咬了下来。但是他不只吃了一块，而是把两块都吃了，然后大声嚷嚷道："这也太傻了，我为什么要为别人做好事？我才不会呢。"声音径直从教室后面传到讲台。玛塔回忆起她当老师的妈妈曾经告诉过她："进入教室时，不要先假定哪些是好学生，哪些是坏学生。"玛塔稍微犹豫了一下，没有理会约翰，继续讲课。

　　玛塔讲述了善意的行为，即便是对于陌生人，它也会产生强大的力量。她从在情人节吹起红色和粉色的气球，并随机系在别人的自行车上讲起，讲到当她自己感到沮丧时，看见贴在浴室镜子上写有"你真漂亮！"的充满鼓励的便条。"我为别人做了什么？我为陌生人做了什么？"玛塔鼓励学生去思考这个问题，并画在他们的便签上。

　　当大家安静地画画时，玛塔和其他三名志愿者分别单独走近约翰，尽管他只有 12 岁，他们还是像对待成年人那样，庄重而尊敬地对待这位"陌生人"。当他们轮流坐在他旁边时，志愿者们慢慢地注意到，他的行为举止发生了变化：由开始的装酷逐渐变得局促不安起来。"你真拿我当回事？尽管我只有你一半的年龄，你还会像对待成年人那样尊敬我？"他的脸上写着这样的问题。

那次讨论会结束时，约翰走向玛塔和志愿者们。"我为你做了这个，"他害羞地细声说道，扭着脑袋，希望从他们那里得到赞同。那是一个粉色的便签，上面写着他们几个人的名字，周围是精细的涂鸦。

玛塔同我讲述了尊重每一个人的重要性，对待一个粗鲁的 12 岁孩子是如此，对待沦落街头的流浪汉亦是如此。她对我说，你的冒昧无礼常常会影响他人的行为。她说，想想你生活中遇到的人，你对他们多少会有些抵触，于是你就把他们拒之门外。下次再有这种情况，她告诫我们要再给陌生人一次机会。这就是她的大局观。

一年夏天，我穿着一件印有"UCLA"和"VAMS"字样的黑白 T 恤衫，我们没钱购买彩色衬衫。上高二那年，我决定召集我的朋友和来自视觉艺术与音乐协会的志愿者们，在加州大学洛杉矶分校组织一场"如何成为视觉艺术与音乐协会青年领袖"的研讨会。该会议吸引了将近一百名高中生，前来了解视觉艺术与音乐协会的宏伟目标。我记得我向与会者分享了我对于视觉艺术与音乐协会全局愿景的理解。我告诉他们，那些聆听我们演奏音乐的人是我们的同胞，他们因为生理或心理上的问题，在生活中往往体会不到乐趣。音乐可以带去多大的欢愉，他们知之甚少，音乐家进行现场演奏时，可以用乐器通过共同的语言——音乐，与听众直接交流。我也分享了自己公民参与经历中的点点滴滴，这些经历将伴随着我的一生。试想一下，帮助独臂小姑娘重拾信心，再次翩翩起舞，她会欣喜若狂地舞蹈；折一只纸蜘蛛送给唇裂的小男孩，他会喜笑颜开；跟寄养家庭的女孩分享有趣的照片，她会高兴地挽着你的手；为老人演奏爵士音乐，他会跟着节拍点头；送小女孩一只巨大的泰迪熊，她会非常快乐。每每看到这些，想起这些，你会无比满足。这些记忆——无数的细节——早已成为我生命的一部分。这些记忆连同那些我所参加过的公民参与活动，俨然已经成为我自我认同中不可分割的一部分。

在研讨会接近尾声的时候，我记得我和姐姐克里丝汀娜坐在后面的桌子旁。我们用红色的桌布装饰了一个长长的宴会餐桌，并且称它为"法官的桌子"。我转动手中的铅笔，摆弄着面前的评价表，回顾这一天，回顾这次会议以及我们所投入的精力。研讨会准备期间的一些细节问题耗费了我大量的时间：沿着走廊来回寻找足够的彩色纸夹，用来标识不同的学生队伍，在我爸爸 1998 年购买的电脑上使用图像处理软件 Photoshop 和 Adobe InDesign 制作座签，踩着单车去离我家两个街区以外的邮局给嘉宾邮寄包裹，站在卧室的镜子前一遍又一遍练习我的开场词。但是那天，当我同汇报项目的学生拍照时，我又想起了研讨会的大局：帮助一群年轻人获得知识、技能和热情，当他们回到各自的社区时，他们可以带去有意义的改变。

今天，当我收到同我一起进行公民参与实践的伙伴们的来信时，我仍然感触良多。我喜欢搜集纪念品，用它们来提醒我，作为一名公仆一路以来的愉快和努力。我经常把朋友们的便条钉在墙上一个跟桌子一样大小的软木板上，上面还有一些带着许多小孔的照片，这些照片一直反复被钉在墙上。一张照片从南加州跟着我来到大学的不同宿舍，但这些年来，它始终在我的纪念板上。这是一张我在高中暑假组织第一期研讨会时，全体工作人员的照片。我坐在混凝土长椅上，学生志愿者环绕在我周围。阳光明亮地照耀在我们的脸上，照亮了我们的五官，前额也轻微地闪动着光。照片中的我们保持着大笑之后的微笑，留下了温暖、快乐的回忆。

第四章　公民参与的复合性动机

托马斯和欧内斯廷

公民参与应该服务公众利益，这点我们已经解释过。本章我们重点阐述一个问题：服务公众利益不一定是公民参与的唯一动机。事实上，进行公民参与的原因、动机多种多样，通常不能简单割裂。托马斯深受父母公民参与的鼓舞。欧内斯廷发现长笛演奏可以减轻她姐姐的抑郁症，这也是她组建非营利性组织的主要原因。

我们都很幸运，因为即使我们并未来自富裕的家庭，但是我们都有机会接受良好的教育，这也直接促使我们进行公民参与。即使欧内斯廷来自公立学校教育薄弱的洛杉矶，但她有幸被"英才计划"选中，这为她提供了接受优秀教师讲授顶级课程的免费教育机会。对于托马斯而言，多亏了他祖母的资金资助，他才有幸去埃克塞特学院读书。在他看来，埃克塞特学院为他提供了一生中最重要的学校教育，比哈佛学院和哈佛法学院提供的教育还要重要。埃克塞特学院的校训就是"舍己"。在由青年逐步步入成年的关键时期，将该校训化为行动，成为托马斯自我认同的一部分。

因为接受的那些教育，我们在公民参与中受益良多。但我们在名校中接受的教育，不应该被看成是对本书中公民参与的一个限制条件。很多我们讲述的公民参与的成功人士，在学校教育中远不如我们幸运。

我们再次强调，即使我们在高中和大学阶段都接受了最好的教育，这并不是公民参与的前提。不同环境及背景因素都可以推动人们进行公民参与，进而改变他人和社区生活。

托马斯

我经常听年轻人讲，他们参与一些公民事务，部分原因是他们认为这可以使"他们的大学申请表好看一些"。有时我会遇到与我年纪相仿的人，他们会不好意思地承认他们参与公民事务是想结交新朋友。两种情形似乎都在暗示，只有纯粹的利他主义才是公民参与的有效基础。但以我的经验来讲，复合型动机其实很正常，人们不必为此感到歉意。

1942 年秋，举国上下都在为第二次世界大战做准备。那年我 8 岁，那时听得最多的故事、看得最多的照片，都是关于战场上的美国士兵和水手。我和家人住在华盛顿特区，因为父亲要到价格管理处工作。在这之前，他在波士顿百货商店工作，但是他希望可以参与公民事务，我为父亲的做法感到骄傲。

我也希望可以尽我的一份力，当然无非就是在我的房间里贴满美国海军舰艇和空军战机的图片。但是我还想做得更多，我想直接为战争做贡献。

有一次，附近的电影院打出广告，只要拿出五磅或更多的废铁用来造子弹和战舰，就可以在星期六早上免费看电影。我非常喜爱电影，并且我被星期六早上的电影票价深深地吸引了，电影院总会播放战争片、西部片，还有各式各样的动画片。我和朋友们通常会在上午 10 点电影开场之前到达电影院，看到午后才离开。

可我到哪找这五磅废铁来换取免费电影票呢？哦，对了，家里熨衣服的熨斗听起来很不错：铁做的，至少有五磅重吧。我没有跟母亲讲，偷偷把它拿到电影院换了电影票。说实话，我不知道母亲会不会因为我的公民美德而感到高兴。不过直到那天下午回家时，我依然坚信我不仅看了两场不错的电影，同时还为国家备战做了件好事。

那天晚上，母亲问我没钱买票怎么还去看了电影。我告诉她我把家里的熨斗捐出去了，多造些子弹好打德国和日本。母亲非常生气，不用说，我们家只有一个熨斗，战争结束前肯定买不到第二个了。母亲立即把我带到电影院，直接找到经理。不知说了什么，她成功地拿回了熨斗。当然，作为惩罚，整个秋天我都没有电影看。

母亲当然是正确的。现在回想起来，我把这件事看作是我人生中诸多试图推动一些我既认为重要，又能满足自己利益和愿望的公民价值的首次尝试。大多数情况下，我都希望自己可以做得比最初的公民参与尝试更为明智一些。但是，复合性动机是始终存在的。

我们这本书主要讲述推动公民价值的重要性，同时也为促进年轻人培养这种价值介绍合理的方法。我深信公民参与是一种高尚的使命，无论是全身心投入，还是业余投入，无论是主业还是副业，公民参与都会让人收获良多。公民参与的形式多种多样，可以像我妻子艾伦和欧内斯廷的朋友帕特里克那样无偿辅导孩子；也可以像我妻子艾伦那样到公立学校任全职教师；抑或像我国内的许多朋友那样，去学校董事会兼职。以前我和安·科尔比一起写过两本书：《教育公民：培养美国大学生的道德与公民责任》（*Educating Gtizens：Preparing America's Undergratrates for Lives of Moral and Civic Responsibility*，Jossey-Bass，2003）与《为民主的教育：培养大学生负责任的政治参与》（*Educating for Demcracy：Preparing Undergraduates for Responsible Political Engagement*，Jossey-Bass，2007）。书中我们讨论了为什么良好公民的教育应该超越诸如在社区厨房中帮厨等个人公民事务，还应该包括在当地社区、州社区、国家社区甚至国际社区的公民生活中进行系统改造。这意味着需要了解社区为什么有这样一个厨房，而且作为一项公共政策事宜，为确保社区不再需要这样一个厨房，整个社会能做些什么。

然而，我不是在建议年轻人或其他任何人都应当仅以利他为目的，进而参与到公民事业中来。我们当中几乎没有人纯粹为了当一名好公民去

62

帮助他人，而不考虑这能为我们自身或名誉带来什么好处。相反，复合性动机一般会推动我们参与公民活动，从这个角度来讲，公民参与同其他事物差别不大。

当然也有一些"反例"，其中利他动机会比其他任何动机程度要大些。在加利福尼亚洛斯阿尔托斯市的犹太教堂中，有一个慈善箱，它鼓励人们去为那些有价值的慈善机构匿名捐款，这些慈善机构并不固定，每月都换一家。没有人会知道我们捐了什么，甚至也没有人知道我们是否真的会捐赠。但是我们都知道我们在做什么，多数时候，身边的人——如孩子、配偶——也会知道。这种捐款方式会让我们感觉非常好，我们或许会觉得这给看见我们这样做的孩子们上了一堂有教育意义的课。因为我们有这样的复合性动机，所以觉得这很值得。

同样，当我们向红十字会献血时，尽管我们不知道谁会使用我们的血液，但是我们知道我们正在帮助别人。红十字会采取各种各样的方法鼓励我们献血，他们保证以后如果我们需要输血，红十字会将会提供帮助。我们也可能会得到一枚别针或是其他可见标识，表明我们献过血。尽管拿了这些"好处"，献血仍然是公民善举和美德。

我自己最初全身心地投入到公民参与，就是源于这种复合性动机，当然还有好运气。正如我前面写到，我从哈佛大学法学院毕业后第一年，担任国内一个最有声誉的联邦法官——利恩德·汉德的助理。能得到这个见习机会，我非常幸运。事情还得从我在哈佛大学法学院进行研究生学习第三年的春季学期说起，那时我和妻子艾伦已经结婚两年，那年秋天我们会迎来第一个孩子。我很清楚我最终还是想讲授法律，同时我认为我得有一些从事法律工作的实际经验，因为我的绝大部分学生最后都会成为律师。

事实上，在决定上法学院之前，我就已经决定当一名教师。母亲说我在上小学二年级时就有这样的想法，因为那时候我非常迷恋我的老师。她有一个非常棒的大众名字：斯卡特古德夫人。一天我放学回家，就管我妈妈叫"斯卡特古德夫人"。大家都能想象，我这一随口称呼不会让母亲高兴，但是从那时起她就知道我会成为一名教师。

就像我和欧内斯廷在第一章中讨论过的，我早期接触的优秀教师坚定了我决心选择教师作为我的事业。最初我选择法律，是因为祖母让我读的路易斯·布兰代斯① 大法官的自传。我上高中时，祖父过世了，祖母一个人生活。那时，只要我一有时间，就会在星期六和她共进午餐。每次她都会送我一本她读过并且认为我也会喜欢的书。于是下次吃饭前我会读完，然后和她一起讨论。虽然她只上过高中，但她可谓博览群书，并且鼓励我多涉猎历史和文学方面的书籍。托马斯·阿道夫梅森写的布兰代斯传记——蓝皮合订本，对我产生很大的震撼。从书中，我感受到一位天才律师是如何影响和重塑社会的。当然我知道，自己不可能成为布兰代斯，但是我仍然希望可以像他那样，用我的智慧推动社会公共事业发展。

然而，直到 1959 年春季，我都没想过去当法官助理，那时我也即将从哈佛法学院毕业。艾伦和我正计划搬到密尔沃基，打算在那里安家，做几年律师然后再去讲授法律。我已经在密尔沃基的福莱·拉德纳公司找到了工作，和几个同学在一起工作很有意思，这家公司也是国内仅有的两个愿意一起聘用我们的公司之一。我们都曾为《哈佛法律评论》（*Harvard Law Review*）效力，也都认为将我们几个一起聘用很有意义，虽然还有另外一家法律事务所——琼·达律师事务所同意一起聘用我们，最终我们决定以一个团队的形式加入福莱·拉德纳公司。 64

那年春季的一天，哈佛法学院利文斯顿·霍尔教授让我去见他，告诉我汉德法官让他每年推荐一位法官助理，他说他想推荐我。艾伦和我讨论了这件事，并很快作出了决定，我们都认为这是个很好的机会，所以我接受了。

我的动机很多。一方面，我知道成为被誉为全国最伟大的法官之一的助理，是全身心致力于公共服务的绝好机会，或许也是我唯一的机会，

---

① 路易斯·布兰代斯（Brandeis, Louis Dembitz, 1856—1941），犹太人，曾任美国最高法院大法官，被称为"人民的律师"，是美国进步运动的主要推动者。——译者注

这是我的一个动机。另外一个动机同样强烈，那就是我意识到，和全国最伟大的法官之一一起工作，会为我提供一个全面了解司法制度的重要窗口，而且会极大地有利于我获得并保留一个法律教职，因为法官助理主要涉及分析司法庭审的意见等工作。

两年后的 1962 年，我又获得另一个全职公民参与的机会。约翰·菲茨杰拉德·肯尼迪当选为总统，艾伦和我都非常高兴，因为他领导的政府全力支持公民参与。自 1952 年阿达拉·史蒂文森竞选总统失利，而我在哈佛读大一以来的十年里，我始终积极参与民主党的政治活动。史蒂文森堪称演说家，他的口才和智慧鼓舞了我，从他伊利诺伊州长和总统候选人的身份和角色中，我看得出他极具洞察力，他对每项政策的方方面面都看得很透彻。尽管后来他经常被指责缺乏决断，但在我看来，在国内和国际事务方面，他一直都是一位睿智的分析家，也是我公民参与的楷模。

在哈佛大学读书时，我曾任民主党俱乐部负责人，这是我政治生涯的开端。期间，我邀请形形色色的演说家到哈佛大学，其中包括詹姆斯·迈克尔·柯利，此人可谓"臭名昭著"，蹲过监狱，后来出任波士顿市市长。柯利接受了我的邀请，某个工作日下午 4 点，他的演讲被安排在桑德斯剧院举行，这是哈佛大学最大的音乐厅。那天下午，一大群人早早地就到了。我跟柯利的工作人员说好会在音乐厅外迎接他的车。但到下午 4 点，柯利还没出现，我开始着急了。下午 4 点半，我冲到电话旁，往他的办公室打了个电话。"为什么？他没和你在一起吗？"他的一位助理问道。接下来花了将近一小时，我才弄明白他被来自哈佛大学幽默杂志——《哈佛讽刺》（*Harvard Lampoon*）的一群爱搞恶作剧的人带走了。他们将柯利带到了杂志社大楼，将他反锁在里边后跑了。他们认为这事简直太搞笑了，回想起来我也觉得很有趣。但是，可想而知，我当时可不这么想，市长先生肯定也不这么想。我很幸运自己并没有因此事被民主党抵制。

大学毕业后我有幸得到哈佛大学一位教授的推荐，参与了第一份公民事务。在那个夏天担任马萨诸塞州州长候选人、民主党人福斯特·弗科洛的演讲撰稿人。弗科洛当选后，邀请我加入他的团队撰写演讲稿，直到

65

我第二年秋季哈佛法学院研究生入学。这些经历使我第一次直接接触到公共政策，也为我带来了对政策问题有所作为的种种成就感。我逐渐体会到设法解决一个公众面对的棘手问题所带来的喜悦，以及与利益集团、立法者和其他政府官员一道来改善或解决问题所带来的喜悦。

1961 年 1 月，从哈佛大学法学院毕业并结束我在汉德法官那的见习经历之后，我开始在密尔沃基做职业律师。也是在 1 月，约翰·菲茨杰拉德·肯尼迪总统发表了就职演说，我被他的话语深深打动。几年以后，作为国家和社区服务委员会的主席，我帮助筹备了题为"你可以为国家做些什么……"的报告。这个题目就撷取自肯尼迪总统那次令人难忘的演讲中最令人印象深刻的话语。但是在 1961 年，艾伦和我有了孩子，我还不能放弃执业律师的职位，全身心地投入到公民事务中去。

就在这时，我在哈佛大学法学院的另一位老师——亚伯拉姆·蔡斯给我带来了好消息。我在哈佛大学法学院读书的时候就认识了蔡斯，我在他"高级公司法"课程中表现得还不错。作为教授法律的教师，他是地地道道的苏格拉底式提问者。他经常以问题回应学生的回答。他课上大部分时间都探讨与股息有关的法律问题，但是这些问题其实并不重要。事实上，这门课程的真正主题是法律分析——提出问题，将问题解析为若干部分，再以新视角将它们重新组合。我们从蔡斯身上学到了严谨、全面地研究问题的能力。

就在这时，蔡斯曾到密尔沃基做过一次演讲，尽管我没能到场，但是艾伦去听了他的演讲。之后，艾伦和他交谈了一会。"为什么你和托马斯不来华盛顿呢？"他问道，"托马斯可以做我的特别助理吗？"艾伦当晚就告诉了我这一消息，我们讨论了一番。我知道我不会在未来的很长时间里都从事私人律师的工作，但是推迟我申请教职这件事合理吗？我已经收到来自西北大学法学院的工作邀请，被我以需要更多实践经验为由婉拒。到国务院任职与我的职业规划并不相符。而且，我在后来与蔡斯的交谈中得知，薪酬连我在律师事务所工资的三分之二都不到，但这是多好的机会啊！我真的能拒绝吗？

　　为了征求意见，我跟公司的一个年轻合伙人提起了这件事情。我知道他渴望加入肯尼迪政府，并且已经得到了货币审计署法律总顾问（General Counsel to the Comptroller of the Currency）的职位。他感到非常激动，迫切希望接受这份工作。当我告诉他蔡斯的提议时，他很快让我拒绝这份工作。他说："至少再等五年，直到你成为这个公司的合伙人。然后你可以去政府部门任职，等到政府易主时你再回来。"后来，他去找公司的高级合伙人请假，并且申请一些离职期间的补助，因为政府部门支付的工资只是他现在工资的小部分。那位高级合伙人的话让他震惊，他说公司不会让他休假，如果他走了，公司不能保证当他想回来的时候还有位置留给他，而且公司也不会在他离开时给其补贴。告诉我这些时，他很伤心。他由于经济原因，不得不决定放弃去华盛顿工作的机会。

　　这一连串的巧合使艾伦和我确信，我应该去华盛顿工作。我们都清楚，我们并不想纯粹出于经济原因而做不成真正想做的职业，这种生活方式不是我们想要的。我们可能早就该去华盛顿，因为我十分期待能在肯尼迪政府任职，与我尊敬的老师一起密切合作。并且我认为，在联邦政府部门任职的经历会对我以后讲授法律有所帮助。简而言之，我的动机很多。我当时并没有想到，1964年夏天，当我最终离开政府部门开始在斯坦福大学法学院教书时，我将讲授国际法，并和蔡斯合著了最初的几本著作。我也没有想到，我与乔治·怀尔德曼·鲍尔在塞浦路斯危机中共事的经历，会帮助我作为教授完成第一篇法律评述文章。该论文后来被我扩展为另外一本著作。

　　我和艾伦的一系列决定最终把我们带到华盛顿，这些决定都不是纯粹出于为国家服务的利他动机，而是来源于个人志向和为国家效力的复杂动机。除个别案例外，这正是通往公民参与中每一个人的必经之路。复合型动机使得公民参与无论是对于参与者本人，还是对其服务的社会而言，都具有同样的意义。

欧内斯廷

正如托马斯和我在第一章中讨论的那样，导师是开辟一个人公共服务道路、鼓励其加入公共服务的关键。当我和托马斯同年轻人进行小组讨论时，经常会听到大家探讨公民参与和参加公共服务的原因，有时不是一名导师或教师让人投入到公共服务当中，而是一件给人打击、让人急需求助的麻烦事，会促使人们开始公民参与。这些讨论让我意识到，个人参与到公共服务中有诸多原因。我个人的尝试以及我姐姐克里丝汀娜的经历是让我最初加入公民参与的动因，但不是唯一动因。在靠近洛杉矶受压迫的地区中长大，我很小便了解了人们的需求，以及帮助他人的时机。这种成长环境和克里丝汀娜的抑郁促使我加入到公共服务当中，并将为之终生奋斗。

从小学到高中，我都在公立学校读书。那些年，我始终是"英才计划"的一名成员。因此，我的许多老师都非常优秀，很多具有博士学位。但是学校四周墙上布满涂鸦，天花板上挂满了被学生像发射导弹那样抛上去的铅笔，厕所里的马桶圈上写满了粗话，而"英才计划"就是在这样的环境中开展的。酗酒、吸烟、翘课在学校里很普遍。68

上中学时，有一次我和几个朋友正坐在棒球场的球网处，那是一个被灌木丛和树木遮挡住的角落。我们正聊着天，雷切尔就拿出一小撮大麻叶。那种深绿色与扎根于我们身后金属栅栏处的叶子很相配。像往常一样，她折断一片大麻叶，用手指将其碾碎，将碎叶片装进玻璃烟斗里，烟斗口周边积了一层烟灰。点燃烟斗，雷切尔吸了一口，吐出一口口烟圈，烟雾缭绕在她的耳环、眼眉、舌头直至手腕。虽然我认识雷切尔不过几周而已，但我已经清楚地知道她对学校当局有抵触情绪，对生活漠不关心。我喜欢她的这种冒险精神，但遗憾的是，我感觉到她在歧途上走得越来越远，越发胆大妄为。

　　她用打火机点燃烟斗后，很快周围弥漫着一股刺鼻的烟味，几个体育老师向我们走来。雷切尔把打火机和烟斗一并扔进栅栏边的灌木丛里，穿过一个菱形的缺口把它们埋在叶丛中。我们都不认识的一个学生目睹了这件事情，之后报告了老师。一位老师走过来搜身，对我们说道："你们这些女生在干什么？把你们的口袋都翻出来，把鞋脱掉！"

　　雷切尔翻出了一包口香糖，开始使劲嚼着。她呼气都充满了大麻的味道。老师说："你们几个女生可以走了。雷切尔，你留下。"但是直到学校管理人员赶到时，他们还是没有发现任何她犯错的痕迹。

　　然而，几天后，学校再次调查了雷切尔。这一次，警察找到了她吸食毒品的证据。在一间空教室里，警察询问她是如何获得这些毒品的。尽管他们迅速查明了毒品来源，但那一年，雷切尔仍然继续吸食着毒品。初中毕业后，我与她失去了联系，但听说她已经成为了一名活跃的毒品走私犯。

　　我高中的环境和初中一样糟糕。除"英才计划"这一方净土外，校园里有怀孕的女孩在走廊里闲逛，厕所里弥漫着大麻的味道，避孕套散落在台阶上。在这种糟糕的环境中成长，让我在很小年纪便要面对残酷的生活。毕业两年后的一次春假期间，我重回母校，走在走廊里便听到一个白人女孩大喊："貌似是非裔墨西哥人、非裔墨西哥人来啦。贱人们都滚出去。"一股特别的刺鼻味道让我回想起中学期间曾和雷切尔厮混过的棒球场。我感觉那里并没有多大变化。后来，在同一些学生聊天时，比如克莉斯汀娜·克卡，她当时已是北好莱坞高中视觉艺术与音乐协会的联合主席，我意识到严峻的环境同样也影响了其他人参与到社会服务中去。

　　对于克莉斯汀娜来说，尽管她从小到大经常去参观盖蒂博物馆，也会去观看钱德勒音乐厅的音乐秀，但她的父母会经常谈及他们认识的某人怀孕或吸毒，甚至进监狱了。克莉斯汀娜给我讲了一个关于她舅舅的故事。她舅舅曾酗酒吸毒，在餐厅打工几年。为了能够养活自己，他就像在马戏团表演一样洗盘子、擦盘子、摆盘子，努力应付餐馆对他的最低要求，拿着最少的薪水。

69

他再也忍受不了缺钱的滋味，于是开始与墨西哥人进行非法的毒品交易。钱迅速地流进了腰包，他一下子就变得有钱了。然而不幸的是，他一边快捷轻松地在贩毒团伙中赚取钱财，一边开始尝试吸食他交易的毒品。随着他花费到毒品上的钱越来越多，几年来辛苦工作所积累下的钱财也就所剩无几。

持续酗酒吸毒几个月后，克莉斯汀娜的舅舅被送去强制戒毒。医生对他说："如果你再喝一口酒你就会死。你的肝脏已经无法承受了。"事实上，没过多久他就去世了。

通过她舅舅及类似的悲剧，克莉斯汀娜认清了她优越家庭生活之外的现实生活，这促使她加入到公民参与的行列。正如她后来向我讲述的那样，虽然她的父母当时并没有告诉她应该帮助那些需要帮助的人，但同他们的交流是她理解为什么这样做的关键。他们使得克莉丝汀娜意识到"伸出援助之手"的必要。

卡莉·杰克逊和克莉丝汀娜一样，是另一位北好莱坞高中视觉艺术与音乐协会的联合主席，她也认同在洛杉矶多事之城的环境中生活、上学影响了她，让她加入到公民参与的行列。那些令人不安的事件同样使她确信，她应该力所能及地帮助那些生活中需要帮助的人。

但是，如果说克莉斯汀娜、卡莉和我经历中的那些负面因素是我们和其他年轻人选择加入公民参与的唯一原因，不免有失偏颇。正如我从卡莉和诸如米歇尔·弗洛伦蒂娜、洛葛仙妮·赫斯顿等学生志愿者中了解的那样，置身于公民参与环境中十分重要。不管是通过青年组织、学术课程，抑或是通过父母和家人去接触公民参与。当年在我创建北好莱坞高中视觉艺术与音乐协会时，这些学生都给我留下了深刻印象，他们非常尽职尽责。当我与他们一起共事时，我立刻就注意到他们洋溢着帮助他人的热情和积极性。高中毕业两年后，当我回来看望他们的时候，我发现他们不仅仍然葆有服务他人的奉献精神，而且更进一步了。公共服务已经成为他们生活中不可或缺的一部分，他们在北好莱坞视觉艺术与音乐协会社团中发挥了模范带头作用。在他们决定服务他人时，视觉艺术与音乐协会是一个十分重要的因素，但绝不是唯一因素。他们在青少年时期，就开始了公共服务的旅程。

　　女童子军（Girl Scouts）也影响了卡莉·杰克逊作出致力于公共服务的决定。卡莉在很小年纪便接触了社区服务项目，她小学一年级加入女童子军，一直到八年级。在女童子军的领导力活动（leadership activities）影响下，她在高中继续投身于公民参与。在她学会如何穿针引线后不久，便开始为癌症患者织羊毛帽；在她学会如何翻煎蛋卷之后，便在流动厨房做志愿服务；在她学会了算术之后，便组织了蛋糕义卖募捐活动。三年级时，卡莉和童子军652部队（Troop 652）其他女孩参加了由帕拉·洛斯·尼芙欧斯举办的校园节日庆典。帕拉·洛斯·尼芙欧斯作为一家非营利性机构，专门为洛杉矶和圣贝纳尼诺的残疾儿童提供服务。

　　那天，652部队的所有成员都戴上闪闪发光的棕色驯鹿耳朵，穿上标志性的女童子军制服，上面挂着他们过去所获得的勋章。然后她们被介绍认识那些领养儿童，每一个女童子军都被分到一名孩童，且要给他们买一件礼物。卡莉拿出了一个亮晶晶的条纹礼品盒。解开丝带，将包装纸扔到一边，五颜六色的橡皮泥很快就变成了一个个模样滑稽的小动物。围坐在旁边的两个小女孩对着模型又戳又碰，一起玩耍着。卡莉回忆道："这看起来就像做寻常事情一样。"她同我交流时说到，当人年轻时，无需理解你为什么要回馈社区这样的难题，只需走进社区和那些需要帮助的小孩子一起玩耍。后来，卡莉上高中后依然坚信人们应该进行公共服务，于是继续加入到了社区服务的行列中去。

　　虽然没有积极参与像女童子军这样的青年服务组织，但洛葛仙妮·赫斯顿选修了由杰出青年中心（Center for Talented Youth）开设的服务学习课程，随后加入高中视觉艺术与音乐协会。该课程是为他们学校杰出青年开设的，包括参观和学习巴尔的摩废址。那里商店无人光顾，人行道上到处都是混凝土碎块和遍及野草的土地。这些实地考察启迪了洛葛仙妮，让她萌生了去帮助他人的愿望。

　　洛葛仙妮告诉我，她的第一次远足是到一个荒无人烟的避难所。她和同学们穿过巴尔的摩城区，走过一幢幢高大宏伟的摩天大楼和一道道长长的明亮玻璃幕墙，最终抵达了一片破败的公寓楼。他们到达了避难所：一个肮脏的棚屋，挂着自制的海报，里面住着一群无家可归的人。一个大肚子女人咧嘴一笑，露出了颜色不一的牙齿。一个披着大号外衣的人在角落里喃喃自语。"我们不得不转过头去，避开那些注视的目光。"洛葛仙妮在描述的同时，脑海中又浮现出那些活生生的画面。但是，一旦她和同学们开始查看避难所情况，他们不得不与在这里暂住的人们进行交流。这时，同学们很快意识到，他们身边的那些无名无姓、流离失所的妇女其实也是有名字的，有叫路易斯的、有叫海伦娜的，这些名字的背后是她们复杂的个性。

路易斯、海伦娜和其他避难者们开始和学生们一起讨论他们在麦当劳最喜欢吃的食物、明星绯闻和电视节目。时间转瞬即逝，在要离开避难所时，洛葛仙妮谈了她称为"小启示"的感受："无家可归者"仅仅是那些流浪者的头衔，但并不意味着他们过去没有家、没有工作或朋友，或者不具备正常人所拥有的那些品质。无家可归的人也是人，他们能够拥有跟我们一样的过去和喜好。洛葛仙妮从杰出青年中心的旅程中所获得的感受和体会，激励着她继续投入到公民参与中去。

米歇尔·弗洛伦蒂娜也是我通过视觉艺术与音乐协会结识的，在她的童年时期，也有着同样的体会和经历。虽然她没有像卡莉那样参加过青年服务组织，或者像洛葛仙妮那样上过学术课程，但米歇尔的妈妈是位病理学家，定期会去美国癌症协会从事志愿服务。一个人的家庭教育及成长过程对其性格发展至关重要。托马斯的父母致力于公民参与，托马斯也是如此。米歇尔的家庭活动包括在系着粉丝带的街道两旁跑马拉松，提醒人们关注乳腺癌，以及穿着白大褂去医院病理中心帮忙。

米歇尔一家经常造访的一家医院是亨利·梅奥·纽荷尔纪念医院。该医院每年为瓦伦西亚高中的青年女生举办一次了解吸烟危害的活动。通常米歇尔的妈妈会组织这种活动，她们全家也会帮助寻找和搜集一些受吸烟危害的肺细胞照片。

12 岁的米歇尔会向一些比她年纪大的女孩子们解释："这是正常人的肺，这是癌变的肺。不要吸烟，否则你的肺就会变成这样。"起初，米歇尔和她的兄弟姐妹们会在活动中旁听，观察母亲如何传授人们关于癌症的知识，后来很快就开始在信息咨询台讲解答疑，教育他人。

进入高中后，米歇尔仍然持续关注癌症问题，那时她汇集了许多人的签名，发起了一个提高烟税的倡议。米歇尔告诉我："小时候就做社区服务的经历指引着我，我应该在高中继续做下去。"这句话也道出了卡莉的心声。

与这三名致力于高中视觉艺术与音乐协会的志愿者的谈话让我意识到，我所创办的非营利性组织当然不是唯一激励她们去帮助他人的因素。她们在很小年纪就接触到为他人服务的机会，这使她们意识到有必要帮助世界上的其他人。视觉艺术与音乐协会对于她们来说只算是一块敲门砖，帮助她们与其他热血青年建立联系。同时，我也知道卡莉、洛葛仙妮、米歇尔和其他志愿者一定还有没与我分享的其他动机。

我的高中成立了一个加利福尼亚奖学金联盟社团（California Scholarship Federation），这个荣誉团体要求其成员每学期成绩良好，并参与一定时数的社区服务。许多"英才计划"的学生都想成为加利福尼亚奖学金联盟社团中的一员。如果学生满足服务时数并且每学期都能连续保持较好的成绩，那么就可以成为终生会员，毕业时会获得一枚可爱的灯形别针、一些漂亮的流苏和高中毕业文凭上额外的金色印章。和许多校园里学生组织的社区服务俱乐部不同，视觉艺术与音乐协会在向美国国家税务局注册时是 501（c）（3）非营利性组织。因此，加利福尼亚奖学金联盟的社区服务协调员准许我，在为加利福尼亚奖学金联盟服务的同行志愿者服务小时数上签字。

我从未滥用职权，在上面写上比志愿者们实际工作时数多的数字——本书中有一章内容是道德领导力，但是我的确感到内疚，因为我发现这是吸引志愿者们的有效途径。我记得我和朋友们告诉同学们："当然，参加视觉艺术与音乐协会可以满足学校对你的社区服务的时数要求，而且会比

73

自己一个人从事志愿服务有趣得多。"

正当我们在登记时数时，我和我的领导团队尴尬地看到学校餐厅外的楼梯上留下的干了的口香糖痕迹。我们意识到尽管这一方法的确奏效，但也许不是招募志愿者的最佳途径。我想所有的志愿者并不会简单地被像荣誉协会终生会员这样的利己动机所驱使，我愿意相信，他们中的大多数都会像克莉丝汀娜、卡莉和洛葛仙妮描述的那样，具有利他动机。但是，74 我知道这些动机是多元的。

第五章　道德领导力是公民参与的必要条件

托马斯和欧内斯廷

　　媒体往往过多地披露公民领袖在公民参与过程中所发生的道德失范事件，更有甚者还宣传他们个人生活中的道德失范事件。我们认为，个人道德和公共道德之间的关系并非像许多新闻评论员所指出的那样，存在清晰的界限。但是我们的确意识到，无论是负责非营利性机构还是政府机构的公民领袖，对于他人，尤其是与他们一起共事的人来说，都应该起到榜样作用。而且，他们个人生活中的道德失范事件时常会给他们的专业能力抹黑，削弱其道德权威性。

　　无论从事公民参与实践的人如何看待个人道德失范的影响，在公民参与过程中做到品行端正都将毫无疑问地成为道德领袖的重要方面。托马斯最喜欢的小说家之一——安东尼·特罗洛普——所创作的《公爵的孩子》（*The Duke's Children*）一书中的一些字句，恰好道出了我们心中所想。书中这位公爵曾任英国首相，他的儿子新当选为议员，在给儿子的信中他这样写道：

　　　　……永远记得民选议会的目的……这并不是一群闪光的人，也不是一群获得权力的人，更不应是一群以作为国家推选人为荣的人……议会的成员要把自己当作国家的仆人，像其他的仆人一样，

他们也应该为别人提供服务……你在那里工作，是作为同胞的守护
者，确保他们的安全，确保他们更好地发展，确保他们有序、有责
任感地生活，但最为重要的是，确保他们的自由。

我们都面临过公民参与中的道德领导力问题，这个问题会在接下来
的内容中有所体现。欧内斯廷描述了道德领导力的要素：无私、真诚、正
直与共情。她还通过青年公民领袖的故事阐述了每一个要素所具有的特
质。托马斯则通过曾经与他一起共事过的公民领袖的实例揭示了道德领导
力的本质，在本章中，他运用自己在公民服务过程中的亲身经历来具体阐
述这一观点。

托马斯

我的第一个行政职务是斯坦福大学法学院的院长。作为院长，我有
责任展望未来，并且定位律师的角色和职责。当我开始了解律师的服务并
没有满足美国人的法律需求时，我逐渐意识到，由于无法负担相应的费
用，大多数穷人在最需要那些法律服务时往往得不到。在纪念纽约法律援
助协会（New York Legal Aid Society）成立 75 周年的晚宴上，利恩德·汉
德用这样一句格言警句来结束他的即席讲话："如果我们想要维持民主强
大，那么必须要恪守一条：千万不要去衡量什么是正义。"随着时间推移，
我越来越被在美国衡量正义这一残酷的现实所困扰。

当我在斯坦福大学法学院担任院长满五年，完成了我的主要工作目
标之后，我终于有机会着手思考和解决这一问题。我们开展并圆满完成了
法学院历史上首次募捐活动，为建造新的校舍、聘请教授和颁发学生的奖
学金筹集到了相应的资金；完成课程的重大改革并且运行良好，这项工作
是由我在当院长前曾担任主席的某委员会负责的；学院聘请了第一位女性
教师和第一位黑人教师，由于这件事情发生在近四十年前，即使今天看

77 来，也是令人难以置信的；我们还聘请了一批顶级的法学家。此外，法学院还采取了一些其他非常重要的举措。

因此，当我听说国会为了在全国范围内承担起对穷人提供法律服务的责任，而成立一家新的公共公司时，我就期待可以领导这个名为"法律服务公司"（Legal Services Corporation）的新机构。尽管我和我的妻子艾伦都知道我们还会留着在帕洛奥托的房子，总有一天我们还会回来居住，但艾伦对离开加利福尼亚回到华盛顿仍然非常迟疑。然而她也知道，我应该去申请这个职位，因为它对于我而言意义非凡。我以前从未有过在专为穷人服务的法律机构工作的经验，我起初担心这会成为我的劣势。但是，公司董事会成员的任命过程证明了经验不足有时不失为一件好事。

公司接手了一项规划，它作为约翰逊总统"向贫穷开战"计划的一部分启动，在白宫的经济机会办公室（Office of Economic Opportunity）之外独立运行。它是旨在帮助人们脱离贫穷的众多规划之一，也是一项最为成功的规划。由于这一规划负责那些针对大财团的诉讼，所以它同时又颇具争议。理查德·尼克松担任总统时，他的副总统斯皮罗·阿格纽很有攻击性地发起了取消这项法律服务规划的行动。作为回击，支持该规划的国会议员提议，由联邦政府资助的法律服务应由公众公司负责运行，这个公众公司不作为行政部门的一部分，而是直接对国会负责。

在尼克松任总统的最后阶段，他一直在与隐约出现的弹劾迹象做抗争，为了讨好一些民主党人，他同意支持成立法律服务公司的有关立法。结果这个计策落空了，杰拉尔德·福特继任了总统职位，但是立法却获得了通过。然而，议会用了很长时间才最终确立了董事会。创立法律服务公司的国会法案要求董事会成员一半来自民主党，一半来自共和党。福特总统在表面上遵循了法规，但是所有经他提名的董事会成员都是极端的保守派人士，因此参议院拒绝了多数提名。几个月之后，民主党占多数席位的

78 参议院终于与白宫达成了和解，董事会中的 11 位成员也最终得以确定。

新的董事会代表了很多派系的观点，但是他们中的大多数都是保守派人士，他们仍然认为穷人在面对涉及法律的关键问题时，应该由律师出

面代理。这些人希望找到一个与经济机会办公室的历史毫无瓜葛的人，来担任该组织的首任主席。经济机会办公室存在期间，在约翰逊总统政府的支持下，由联邦政府资助的法律服务不断增加，但是自5年前起，尼克松政府就将5年内的拨款总额限制为7400万美元。这笔资金主要用来为生活在联邦政府制订的贫困线以下的3000多万人提供法律服务。在此期间，由于东西海岸的城市地区的律师协会和其他地方性组织更具包容性，联邦法律服务款项支持的地方项目主要集中于这些地区。结果造成在许多中西部、南部和西南部地区，除了私人律师自愿提供的法律服务外，穷人们没有得到任何形式的法律援助。

该公司的董事会成员之一山姆·瑟曼是我的好朋友，他曾在斯坦福大学法学院担任教授，时任犹他大学法学院院长。当我听说董事会成员已经确定，他们正在寻找董事会主席时，我打电话给山姆，并向他表明了我想担任公司主席的意愿。他表示，考虑到这个新的团体将面临的种种难题，他无法理解我为什么想从事这份工作，但是他很乐意支持我。山姆作为一名睿智的温和派人士，在董事会中德高望重，他的支持是我最终获得这一职位的两项重要支持之一。第二项支持来自于董事会主席罗杰·克兰普顿，他当时是康奈尔大学法学院的院长。他曾在尼克松政府司法部担任法律顾问办公室主任，但正好在水门事件之前辞职。罗杰是一位很有思想的保守主义者，也是一位非常正直的人。我们虽然互相认识，但并不很熟悉。当他听说我获得了提名，山姆·瑟曼是我的支持者时，马上支持我参选。毫无疑问，董事会的其他成员也被斯坦福大学的声誉打动了。不论怎样，整个秋末，经过一系列董事会遴选委员会的面试，我最终获得了这一职位，并于1976年1月1日正式履职。

在尼克松总统时期，不仅是为法律服务提供的联邦资金被冻结，而且直到尼克松被迫辞职之前，阿格纽副总统一直对该规划说三道四、恶语攻击，他认为纳税人不应该资助私人起诉土地所有者和当地商人的规划。法官在绝大多数案件当中决定支持穷人的事实让阿格纽更加生气，他的谩骂也更加不堪入耳。

79

　　我知道，从事本地项目的律师和律师助理们会因此而感到挫败和沮丧。我也知道，政府官员希望担任法律服务公司主席的人在过去的五年当中一直在法律服务行业中摸爬滚打。作为一个局外人，他们自然而然会对我产生怀疑。我意识到我很有必要在"他们的团队"中选择并任命一个副手。幸运的是，我的一位好朋友克林特·班贝格刚好符合这一要求。他是美国天主教大学（Catholic University of America）法学院的前任院长。在这以前，他曾作为法律服务规划的负责人在经济机会办公室工作过。我和克林特在我们都担任法学院院长时就成为了好朋友。当他从院长岗位离职后，我还邀请他到斯坦福大学工作过一个学期，我们的友谊也在那时更加深厚了。

　　当我还未被任命为主席时，罗杰·克兰普顿就明确提出，如果我被正式任命，所有聘任工作都会由我全权负责，他也将这一立场对董事会的其他人员做过明确的说明。我一收到任命的正式通知，就打电话给克林特，邀请他出任该公司的执行副主席一职。我对他说："我希望你成为我的知己。"我知道我一定要特别重视处理与董事会、国会之间的关系，以及争取公众对这一规划的支持。我告诉克林特，他将主要负责规划操作和公司内务两方面的工作。克林特立刻热情地回复我说，他很愿意接受这份邀请，我感觉如释重负。

　　我和克林特很快就为法律服务公司做了整体规划。董事会在1月初的会议上对我们的任命进行了投票。这只是一种形式，因为克兰普顿已经和遴选委员会以外的董事会成员交谈过，他们都赞同我的任命，也知道我将负责所有人员招聘。

　　克兰普顿建议我们在1月份的董事会会议之后举办一场招待会，邀请一大批法律服务界人士、国会议员和他们的幕僚，以及其他可能对公司有所帮助的人士，我和克林特将作为主席和执行副主席现场宣誓就职。之后，董事会成员、克林特和我都将有机会和与会人员进行广泛交流。

　　在那些法律服务人士的帮助下，我和克林特共同列出一份嘉宾名单。我们很高兴，有五百多位嘉宾同意来到位于华盛顿市中心的酒店出席这个招待会。我还邀请了美国最高法院大法官拜伦·怀特主持我的宣誓就职仪式。我与怀特曾一同在奥地利萨尔斯堡的研讨会中举行讲座，我们的家人也都去那里与我们共度了一个月的美好时光，结下了深厚的友谊。

董事会会议的前一周，一个保守派专栏作家詹姆斯·科克帕里克愤怒地发表了一篇专栏文章，刊印在数百份报纸上。在这篇文章中，他为我这样一名曾在肯尼迪和约翰逊政府中任职的自由派民主党人当选该公司主席一职而感到不满。但更为过分的是，他写道：聘请克林特为执行副主席是因为他非常激进。他曾失误地领导过经济机会办公室的法律服务部门，他将会成为新联邦机构灾难性的领导者。

董事会提前在招待会所在的酒店举行了一场午宴。克林特、我，以及董事会11位成员中的10位都出席了午宴。来自新奥尔良的莱维斯·奥蒂克法官——董事会中唯一一名黑人成员，被延误在了来华盛顿的路上。下午1点左右，克林特和我应董事会要求离开了会议室，方便董事会对我们的任职做些简单的讨论和投票。根据公司条例，我们两人的任命都需要董事会的批准。但是克兰普顿已经向我保证这只是一个形式，因此克林特和我离开了会议室，到旁边举办招待会的房间里等待结果。

2点左右，克兰普顿出来了，脸色苍白。他把我叫到了和董事会成员共进午餐处隔壁的小房间里。他关上门后告诉我，董事会中至少有一半成员想让我收回对于克林特的提名，理由是他"太有争议"。他们说只有取消克林特的提名，我才会得到董事会的任命。克兰普顿说，实际上这些董事会成员希望公司能够有一个很好的开端，但是如果克林特处于领导岗位，那这种良好的开端就不可能实现。后来我才知道，科克帕里克的专栏文章是导致这一强硬立场的关键原因。

我必须决定如何作出回应，回想起来这也是我职业生涯中道德考验的关键时刻。我毫不犹豫，马上回复克兰普顿，如果克林特不能成为我的工作伙伴，我也不能接受主席这一职务。我说，我已经邀请克林特与我共事，我不能违背当初的承诺。我表明，我有遵守承诺的道德义务。同时我也阐明，只有和克林特共事，我才会实现工作中的预期标准。这件事幸亏

81

有克兰普顿，他说："我就知道你会这么说，我支持你，我会尽我所能保证你们一起获得批准。"于是他回到了午餐室，我也回去与克林特继续等待结果。

现在回想起来，我意识到我当时在没有考虑周全的情况下就作出了答复，如果董事会坚持不批准聘用克林特，就会有一系列的问题。尽管艾伦在我们两个孩子放暑假之前不会到华盛顿跟我会合，但我们俩已经计划搬到华盛顿居住；我已经辞去了斯坦福大学法学院院长的职务，他们也正在物色下一任院长，虽然我可以继续在法学院做教授，但我已经不可能重新担任院长了；法律服务公司已经为正式启动努力了一年多的时间，如果我拒绝履职，它就会在更长的时间内处于无领导状态，这里所发生的一切将会毫无疑问地被公之于众，所以重新确定一位新的领导者肯定不容易；诸如此类的问题可能还有很多。但是坦率地讲，我当时并不认为这些问题至关重要，我所考虑的只是我对克林特以及我所作出的承诺应当承担的道德责任。

返回接待室后，我告诉了克林特刚才发生的一切，他马上提出取消他的提名。但是我告诉他，他既是公司的最佳人选，也是我的最佳人选。我们要么一起奋斗，要么共同离开。

克林特和我坐在满是食物的接待室里，时间就这样一点一点过去了。3 点左右，我打电话给怀特法官，告诉他不需要赶来主持我的宣誓就职了。克林特和我一起列出了将要到场的好朋友的名单，在 3 点半到 4 点的这段时间里，我们给他们打电话，向他们解释了发生的一切。还请他们通知其他人，这个招待会取消了，但不要解释具体原因。我们认为，很快就会有新闻传出，所以就没必要再次煽动了。下午 5 点，克兰普顿出来了，他说董事会还在讨论，现在是 5：5 的局面，大家都在等莱维斯·奥蒂克，但他深夜才能赶到。克林特和我去他家边吃饭边等消息。终于，在晚上 11 点我接到了克兰普顿的电话，他跟我说奥蒂克到了会议室，并为我们俩投了一票，明天一早我们就可以在董事会会议上宣誓就职了。

克林特和我第二天早上一起到达会议地点，我们不太确信将要面临什么。董事会以6：5的微弱优势投票通过我们的任命，这使我考虑到我们新的领导角色可能会受到董事会的严重制约，尤其是董事会中那些反对克林特任职的少数派。但事实上，这是我与董事会的最后一次严重冲突。很明显，所有的董事会成员都决定不再考虑这个问题。具有讽刺意味的是，虽然起步维艰，但在随后的三年里，在我和克林特所采取的一系列有争议的举措上，董事会都对我给予了一致支持。

当然，这不是我第一次感受到遵循道德直觉的重要性，但这是我第一次根据自己的道德判断来为职业生涯作出决策。当我回想这一决策时，我开始相信，与在私营部门供职的人相比，从事公民参与实践的人更加有责任规划道德路径，在更大程度上坚持道德准则，因为他们有使用公共资金和得到公共信任的特权。

我作为或不作为的主要"考核"，就是主流报刊的头版上如何报道我的工作。我不知道是谁首先提出了这个方法，但对于我来说它非常恰当，因为这可以迫使我在做决定时保持负责任的态度和清醒的头脑。我不能说自己始终都在坚持这种做法，但是我一直在不断努力，并且发现它可以为作出明智的决策奠定良好的基础。虽然这种做法不是我的首创，但是它在我任职法律服务公司主席之后就深深地印刻在我的心里。在我卸任斯坦福大学法学院院长职务，到华盛顿履新时，我的收入锐减，公司董事会也希望在各个方面对我提供帮助，既要遵守公司相关规定，又能缓解我的收入问题。于是董事会提议我可以使用一辆中型车，用于我上下班和前往法律服务办公室，我也有权因私人原因使用这辆车。有一天我发现在《华盛顿邮报》头版上有一篇文章，批评董事会把车授权给我，也批评我接受了这辆车的使用权。文章指出，旨在帮助穷人的规划负责人不应当随意使用公车。如今反思，我仍然觉得使用这辆车是合情合理的。但从那以后，我开始高度重视这种"考核"。

值得庆幸的是，我是在接受了道德领袖关于公民参与的指导之后，才经历了法律服务公司的艰难决策；那些道德领袖曾用他们的亲身经历使我理解了道德决策的力量和重要意义。下述事例在我的脑海中至今记忆

83

犹新。

当我还在国务院做法律顾问亚布拉姆·蔡斯的年轻助理时，被委任为国务院专门负责洽谈售往英国的核导弹的法律顾问，这场交易已经得到了肯尼迪总统和时任英国首相麦克米兰的同意。这是第一次向外国政府出售核导弹，在美国国防部的洽谈也一直在秘密地进行。美方谈判小组由一位经验丰富的海军上将负责，他在一大批国防部官员（包括一些总法律顾问办公室官员）以及国务院各部门官员的协助下，与英方进行洽谈。我们在谈判的几天里得以会晤。

起初，负责美方谈判小组的海军上将说道："我们都同意不保留谈判的笔录，所以任何人在交流上都不用有所顾忌。总之，直到我们达成最终的销售协议时才会保存记录。"英方同意了上述观点，洽谈就这样向前推进。在洽谈第二天结束时，其他人都离开了五角大楼的会议室，当时只有我一个人在。一名水兵进入了会议室，迅速钻入我们之前就座的桌子底下，并拉出一个盒子，盒子里有一些录音带。很明显，有人已经秘密地用录音机记录下了所有讨论的内容。我马上找到国防部的代表律师，告诉他这项录音违反了此前的承诺。他却告诉我，"不要担心，英国人永远也不会知道这件事"。

但是我的确非常担心，返回国务院后，我立刻就把这件事情向蔡斯做了汇报。他马上致电国务卿腊斯克，请求紧急会晤。几分钟之后，我们来到位于七楼的宽敞的国务卿办公室，我又将事情的原委向腊斯克进行了汇报。当我和蔡斯还在他的办公室时，腊斯克直接连线了国防部长麦克纳马拉。腊斯克向麦克纳马拉转达了我的汇报，他说美国是不允许对我们最亲密的盟友违反诺言的。麦克纳马拉还没来得及听取他的同事关于这件事情的汇报，就立刻同意停止录音。

腊斯克和麦克纳马拉表现出的道德领导力让我至今记忆犹新。腊斯克也就此事对我表示了感谢。第二次世界大战之后，当乔治·马歇尔担任国务卿时，腊斯克只是驻外事务处一名年轻的工作人员。某日，腊斯克做了一件马歇尔认为非常有意义的事情，马歇尔对腊斯克说："你对得起今

84

天的工资。"现在腊斯克反过来对我说："托马斯，你对得起今天的工资。"虽然我深信乔治·鲍尔认为美国需要从越南撤军的思想是正确的，而腊斯克在这一问题上曾经有过重大失误，但腊斯克的个人操守和道德领导力始终深深地感染着我。

第二年，当我为乔治·鲍尔工作时，我们一起设法解决塞浦路斯的一场爆炸性的、极端困难的危机。塞浦路斯虽然岛屿面积很小，但是它的战略地位却十分重要，因为英国的军事基地就设在那里。马卡里奥斯大主教（Archbishop Makarios）是政府首脑，也是美国身旁永无休止的烦恼。他热衷于对美国进行言语攻击，也热衷于限制我们以国防为目的而利用塞浦路斯。

我经常出席鲍尔和腊斯克的情报汇报会，与会人员都来自情报机构。在一次鲍尔主持的会议上，来自中央情报局、国防部、国家安全局和国务院的代表均出席了此次会议，一位来自中央情报局的代表说："你们知道，要暗杀马卡里奥斯大主教并不困难。"他继续暗示大家可以通过这种方法不着痕迹地解决掉美国这一心腹之患。鲍尔身材非常高大，他身高6英尺4英寸，体重超过200磅。他向后靠着椅子，用足以响彻整个房间的声音说道："美利坚合众国和他的政府决不会搞暗杀。"

后来鲍尔告诉我，他觉得国务院已经含蓄地授权越南共和国军事政变，期间越南共和国吴廷琰（Ngo Dinh Diem）总统遭到暗杀，他认为他本应该设法阻止这件事情。不论在那种情形下鲍尔是否会阻止国务院授权越南共和国军事政变，我很清楚的是，如果在我所参加的那次情报会议上有人提出这样的主张时，他哪怕只是眨个眼、点下头，中央情报局就会轻易地除掉马卡里奥斯大主教。这给我上了一堂生动的道德教育课。

我不是说公共服务中的道德领袖都一定需要涉及这样重要的问题。相反，虽然道德领袖都需要具备这些良知，但日常事件往往不会导致非常严重的后果。在一些特殊情况下，道德领袖偶尔也需要做些法律所不允许的事情。我律师生涯早期的一件小事让我深刻地意识到这一点。事情发生于我在密尔沃基的福莱·拉德纳公司任职律师的第一个月。我特别喜欢这家公司，因为它给予了我一个在短时间内接触不同工作领域的机会。我接待的第一个公司客户是一对夫妇，他们想成立一家新公司。我知道这与在威斯康星州政府秘书处提供的表格上输入新公司名称，列出企业人员，把它在政府秘书处登记备案一样简单。我在会议室接待了这对夫妇，听到他们想自己担任公司的总裁和秘书，并将他们的名字写到了表格上。我用略带骄傲的口吻回复他们："史密斯先生、史密斯夫人（Mr. and Mrs. Smith），我很高兴为您服务。"在他们离开之后，我按要求嘱咐秘书将史密斯先生列为总裁、史密斯夫人列为秘书。之后我把表格寄到政府秘书处备案。作为律师，我独自完成第一项任务，心中满怀骄傲。

86   几周之后，当在我填写公司内部表格以对我的收费标准加以解释时，我看到一个注释——"史迈斯先生、史迈斯夫人（Mr. and Mrs. Smyth）：组建新公司。"当然，我马上意识到我拼错了我认为最简单的姓氏。在我等待这对夫妇来我办公室这段时间里，桌子上放着写有错误姓氏的证书。在威斯康星法律的限制下，改变这一错误的唯一办法就是让这对夫妇签署一个证书修改的表格。当然，如果要修改就意味着他们都会知道发生了什么。

我十分恐慌，紧张得脸上已经开始冒虚汗。身心煎熬地度过了一个小时，我拿起电话，致电威斯康星州的州务卿（Wisconsin Secretary of State）。鉴于我们公司的良好信誉，虽然我从未见过他，他还是马上就接了我的电话。我对发生的事情十分坦白。在一段漫长的、让我十分煎熬的沉默之后，州务卿终于又说话了，"你为什么今天下午不带着证书来一下呢？我们看看可以怎样处理。"我从密尔沃基开车到他位于麦迪逊的办公室。他关上门，让我把公司注册证书交给他。随后他交还给我一份带有工作人员和公司创办人正确拼写的新证书。他没有告诉我他的所作所为已经超出了法律赋予他的权力。也许我只能欺骗自己，这不仅是一种慷慨的行为，而且是一种道德行为。至少我希望这是真的。但是不论怎样，在随后的岁月里，当我处于领导地位，我的下属因为粗心或不小心而犯错误时，我常常会想起这件事。我希望我可以以他为榜样。

欧内斯廷

损失、失败和错误经常占据《斯坦福日报》（*Stanford Daily*）和《斯坦福评论》（*Stanford Review*）的头条，也让我们的学生会遭到了批评。在斯坦福大学"联盟广场"有一个房间，里面配有柔软的靠枕、长毛绒的懒人沙发和多彩的手指画，它一直被称为"健康室"。这是学生会中学生服务部名下的一个学生自主管理项目，旨在通过在校园里提供一个休闲的场所来推动健康的生活方式。但是在现实中，许多学生指责"健康室"像是一个儿童的游乐室。学校的通勤车遭到了更多的指责。它是用来为学生提供一种可以支付得起的、往返于校园和机场的交通方式。但是，它一直因持续的财政亏空和不能满足所有学生需求而饱受诟病。例如在我大一那一年寒假，巴士运行总共花费了学生会大约 13000 美元，但是收入仅有 11000 美元。从本质上来说，学生会只能资助一小部分学生回家乘车的费用，这引起了人们对这一项目的强烈批评。特别是因为学生会的资金是从学生杂费中筹集的，而学生杂费是全体学生共同上交的。《斯坦福日报》援引了本科生理事会许多成员的看法，他们指出："这一项目简直就是巨大浪费"，一些人甚至说："不相信斯坦福大学学生会（ASSU）班车规划会重获新生。"许多本科生也针对这个项目的利弊进行了广泛而深入的讨论。

"健康室"和班车是诸多服务项目中的两项，它们都是学生服务部的一部分，而学生服务部是学生组织四个主要分支之一。学生服务部在学生会中负责监督由学生发起的项目和活动。关于这两个项目的争论很快转变成关于学生服务部存在价值的争论。本科生理事会讨论给该部门负责人发放补助是否值得；学生服务部组织的其他活动，如"指导社区"是否应该削减经费；更有甚者提出，我们是否值得为学生服务部付出精力。我在大一学年即将结束的时候加入了学生服务部，说得好听一点，那里简直糟

87

透了。

重新振兴一个"失败的"、行将就木的组织实在是太不容易了。我被任命为学生服务部的副主席。一位三年级的学生伊莱恩·埃尔博森担任执行主席。我将整个大一的时间都投入到学生会当中。一些学生干部认为我和伊莱恩一起搭档，一定会复兴这个组织。

和伊莱恩一起工作很快乐。她总会带一些糖果到我们的会上，不论是当我们请求与潜在的合作公司比较班车的费用和服务时、制定一项市场计划时，还是招聘大一实习生协助我们一起巡视班车时。我们每隔一天会见一次实习生，每周会见一次学生干部，每月会向哈斯公共服务中心（Haas Center for Public Service）的负责人汇报工作情况和进展。几个月以来，我们花费大量的时间在"联盟广场"中工作，学生会办公室也在这幢办公楼里。我们制订一些如"斯坦福音乐会网络"的艺术与娱乐项目，如"学生原创课程"的教育项目，如"预定联盟广场房间"的活动规划资源项目，如"绿色商店"的可持续规划项目等。当然，我们还会关注一些其他的服务。简言之，与我在斯坦福大学读书期间花费在任意一门课程的任何教科书上的时间相比，我同伊莱恩一起度过的时间最多。

进入 12 月，伊莱恩说她需要在学术研究、毕业论文和即将开始的硕士课程中投入更多的时间。她要辞去执行主席的职位，这样一来我就会得到晋升。那时我只是一个大二的学生，我并不确定我是否能够管理好这个拥有数千美金资产的机构。幸运的是，伊莱恩还会参与其中。我很快意识到，道德领袖要关注自己领导的机构的既得利益。这个利益可以表现在许多方面——留在董事局直到项目取得预期成果，保证领导权的平稳交接，确保本人退出时整个机构仍然可以良好地运行。

伊莱恩一直参与学生服务部的工作以确保交接工作可以平稳进行。作为大一实习新生的负责人，她在随后的一年里又同我一起并肩作战。我可以很骄傲地说，班车服务在那一年首次营利，我们提交的预算提案未经任何拖延就获得了学生会的通过。后来我也成功聘请了帕特里克·李和艾琳·翁。我认为他们两个都具有道德领袖所需的特质，也是可以继任我职位的最佳人选。

久而久之，我认识到真正的公民领袖是道德领导者。我所说的道德领导者是什么意思呢？成为一位道德领导者需要许多条件，但在我看来，最为重要的是无私、真诚、正直和执着。各个年龄段的公民参与志愿者教会了我这些核心品质的意义和重要性。

艾琳·翁的酒窝十分具有感染力。她的微笑也同样感染着周围的其他人。她留意可以为别人提供帮助的机会，帮助那些她根本不认识的人，为她所收到的每一个祝福实践着"三种善行"（three acts of kindness）。无论索取与给予，她都是无私的。

和艾琳的谈话让我回想起了无忧无虑地去图书馆读书的童年时光。起初在夏天时，我将这个图书馆当作外面炙热高温的避难所，之后又变成了参加课后活动的聚集地。那时是何等的兴奋：拿起一本很旧的书或杂志，把他递给一个青年志愿者的读者，然后扑通一声扔进一堆位于图书馆儿童角的巨大的绒毛玩具上。当艾琳参观小学的地方公共图书馆时，她参加了一个课后活动。在那她不仅体验到了有人大声阅读故事的舒适时光，还获得了免费指导作业的机会。

过了图书馆入口的金属安全栏杆，来到一个冷气开放的区域，艾琳会经过一架一架的书籍和长毛绒的沙发，漫步到图书馆的后部。那天学校刚刚放假，她的首要任务并不是完成作业。她随便抓起一本杂志草草地翻阅色彩缤纷的纸张，这本杂志写满了从美容秘诀到最近发生的名人逸事等内容。在辅导中心 5 点关门之前，艾琳会悠闲地度过一段时光。由于还有作业要做，她匆匆穿过人群，来到一个隐藏在图书馆另一侧布置简单的房间。艾琳看到一张熟悉的圆形桌子和三把靠背椅子，后面还有几台电脑。这里是戴娜图书馆的家庭辅导中心，这里已经成为了艾琳的第二个家。因为她家里的电脑没有接入互联网，她需要利用这里的电脑，有几十个大学生自愿牺牲他们的时间，在这里帮助她完成作业。几何，特别是角度问题，是艾琳的致命弱点。那是她几何家庭作业的最后一道数学题，艾琳做得非常吃力。那道题在作业本的最后一页，她总是用星号标注它的难

89

度。艾琳会和她的辅导老师坐在一起，通常是乔西，一步一步地解决这个难题。

　　中学时，事情就发生了改变。艾琳每天都愿意回到图书馆，但是这次，她进入了一个不同的房间，是给予而不是获得帮助。"我想辅导别人，因为一直以来，辅导对于我的帮助很大，"艾琳对我说。"我面前的这个人需要帮助，我可以帮助她和像她一样的其他人"，这成为了她新的口头禅。在很小的时候，艾琳就认识到了传递善行的智慧：当一个人帮助你的时候，不要仅仅感谢他，而是要通过对他人施以善行来回报帮助过你的那些人，可以是"三种善行"，也可以更多一些。善行不仅仅是你投身公共服务所做的那些事情，善行还包含永远努力让他人保持微笑，并鼓励他人将爱的涟漪继续荡漾开来。

　　这种无私付出的思想——无私——是公民参与中广义的道德领袖的一个特质。另外一个特质是真挚，真挚是一项深植于加勒特·内曼性格中的特性。正如加勒特同我说的那样，公共服务不应该是一次偶发的活动或是一次性的活动，而是一个旅程。这段旅程始于人们对周围世界的感知，持续到个体生命的终结。遇到加勒特意味着遇到了一个在生活的方方面面都非常真挚的人，包括他对于公民参与的奉献。从斯坦福大学毕业时，加勒特把一个由学生领导的服务项目转变成为一个改变处于危险境地儿童生活的组织。加勒特是一个真正的公共服务的领袖，也是一位道德领袖。

　　加勒特的故事是我所听到的诸多故事之一，但是人们用它来强调真挚这一重要美德，与他见面时人们会真切地体会到这一点。当他还是一名斯坦福大学的本科生时，他了解到许多低收入的学生没有机会参加学术能力评估测试（SAT）的辅导课程。加勒特洞察到，没有良好指导，这些学生的考试成绩可能要低好几百分。他并没有简单地自言自语说整个系统需要改进，生活经常是不公平的等等，而是决定做一些事来改变很多这样的高中毕业生上大学的机会。他成立了"大学春天"（CollegeSpring）这一组织，尤其关注来自东帕罗奥托这一贫穷社区的学生。他为那些没有享受

90

到诸如普林斯顿评论（Princeton Review）① 和卡普兰（Kaplan）② 项目服务的孩子们编写了一个手册。他招募了斯坦福大学的学生，在整个夏天无偿为大家提供帮助。从一开始，他努力的成果就十分显著。他项目组中的学生测试平均分比没有加入项目组的学生的平均分高出两百分，并且学生们也为大学的录取和学费的资助过程做了充分的准备。

加勒特希望他可以做更多的事情来发展和壮大"大学春天"，但是他失败了。当他告诉我这个故事时，已经是他在斯坦福大学最后一年的秋季了。颜色鲜艳的夹趾拖鞋、霓虹灯飞盘和大批在威尔伯运动场晒太阳的大学生们，已经不见了踪迹。落叶覆盖了车顶、小路和房屋的四角。这一切对于斯坦福大学学生来说都十分重要，特别是对于大四的学生——大量的求职信和拒绝信像流水一样涌进。他们既要参加毕业典礼，又不得不为即将面临的工作做着准备。

加勒特收到了来自麦肯锡公司的邀请函。麦肯锡公司是一家全球顶级的咨询公司，来自麦肯锡公司的邀请函也是他的同龄人都梦寐以求的。"这是一家在业内非常有威望的公司，"加勒特骄傲地对自己说，"它的平台和它的名望对我而言极其珍贵。"带着这样的态度，加勒特接受了麦肯锡公司第二年1月的邀请函。在开始全职工作之前，他还有7个月的时间用来完成一些项目。

加勒特打算做的其中一件事情就是同一个人共度一段时间，这个人后来成为"大学春天"的一名匿名捐助者。他是一名来自中国的移民，觉得能够在加州大学伯克利分校和斯坦福大学学习是非常幸运的事情。他是一个特别成功的商人，认为与高校接触可以给自己提供所需要的资源，去从事投资银行业务或创业。他希望帮助那些致力于为学生和顶尖大学之间建立联系的组织。"大学春天"就是这样一个非营利性组织，旨在为来自

91

---

① 普林斯顿评论是美国的一家公司。它提供多项考试，这些考试分数被美国各大学采用，成为入学标准。这家公司的学校排名也被全美各大学所采用。——译者注

② 卡普兰是世界领先的终身教育服务商之一，业务遍及全球，尤以提供备考服务闻名。——译者注

低收入家庭的学生提供免费高考备考服务和大学咨询服务。

加勒特回想，在帕罗奥托街区的一间咖啡店里，他坐在那个人的对面，如果加勒特可以筹集到25万美元，那个人也愿意捐出25万美元，这样"大学春天"就可以和位于东海岸的一个相似的组织合并。当加勒特和我分享这件事情时，我的脑海中浮现出了这样一个对话的场景：

"我希望看见'大学春天'可以持续下去并且继续发挥作用。"这名男子说道，"我认为你可以让这个组织发展壮大，比你想要合并的组织发展得更好。"在交谈过程中，这些话经常重现在加勒特的脑海里。

"如果我拒绝了麦肯锡公司，"加勒特紧张地攥着他前面的餐巾说道，"你可以为我的非营利性组织提供接下来两年的基金吗？"

"多少钱？"那名男子问道。

"50万美金，"加勒特答道，"这笔钱可以允许我在接下来两年里雇佣我们自己的团队。"

就这样，交易达成了。

"他创造了奇迹，"加勒特和我说，"那个人对'大学春天'的捐款数额可以使它全天运转，这对于我们而言是成功的关键。"

这是一个真实的故事。但是如果加勒特在他致力于帮助别人时没有展现出真挚的品质，就永远不会得到这笔捐赠。

匿名捐赠者的馈赠使得加勒特能够拓展他的工作，"大学春天"也不再仅仅是一份兼职的承诺。加勒特告诉我，如果没有足够的资金，他不会全职致力于建立一个非营利组织的。我怀疑他是否可以作出其他的选择。他无论如何都能够让组织得以运转。加勒特意识到了将公民参与实践当作他自我认同不可分割的一部分的重要意义，这也是他所作出的帮助他人的毕生承诺。正如加勒特所展现的那样，道德领袖就是要在对公民参与的承诺中保持真挚与诚信。

布莱恩·查特曼使我意识到，做一名公共服务的领导者不仅仅是要参与建立一个非营利性组织，或将公民参与作为自己的首要工作。布莱恩并非公共服务领域的知名人士，也并不是一个多么杰出的人物，但是他证明了正直是公民领袖必备的重要品质，这也是公民领袖的第三个核心特征。当你与他会面时，你立刻就可以感受到他是一个值得信任的人。当他答应为一个非营利性组织提供一项服务时——就如同在斯坦福大学时我们共同为社区服务项目提供服务，我从来都不必询问这项服务是否真的能够完成。因为我知道布莱恩所说的每一句话语都是一个坚实的承诺，并且他绝对不会食言。

哈留斯·伯克斯是另外一位我所敬佩的道德领袖。他的所作所为很好地诠释公民领袖的第四个关键维度：共情。对他人遭遇的感同身受使他能够赢得别人的信任。我们中的大多数人总是会关心与我们自己息息相关的事情，有时却忽略了周围人的感受。然而哈留斯既有自知之明，同时又心系他人。一天下午，在帕罗奥托"雷斯烤肉店"，他与我们分享了他在德莱克医院的工作经历。他曾经跨越半个地球，在那里工作过一个夏天。

德莱克医院坐落在喜马拉雅山山麓，它向印度达拉撒拉的一些穷人提供廉价的医疗服务。"我们没有太多的要求，能够得到免费医疗我们就已经非常感激了。"这种态度无声地遍布病房、过道以及医院的每一个角落，很快在整个德莱克医院造成了混乱。医院里的病人羞怯于说出自己的痛处。很多人死于肺结核，他们等待了几个月，却并没有说出自己的病痛并要求治疗。

在到达医院之前，哈留斯就曾见过两名这样的病人死去。"这种事情不应该发生，"他对我说。哈留斯认为，这种威胁着这么多人生命安全的传染病应该得到医治。但当他走进医院时，映入他眼帘的只有周围的山岭，那些都是等待他去攀登跨越的障碍。在经过一个小甲板时，看到病人都在清洗他们的普卢纤维衣服，他发现了自己和病人的不同之处。医院的病人都穿着传统的羊皮长袍，而作为一个印度锡克教徒，哈留斯却缠着穆斯林头巾，这是一个障碍。然而他与那些寻求帮助的人一样，同样都是人，一点服饰上的差异并不能将他排斥于人群之外。

哈留斯有好多次感到自己要放弃了。病人不愿意透露自己的名字。他们不愿意接受外面的人。而且即便是他们需要帮助，语言上的障碍也使

93

交流变得非常困难。只是单纯地把病人当成需要帮助的人来治疗，哈留斯便能够轻易地感受到他们对他的感激。但是他明白，如果想要真正地帮助自己的病人，他必须改变医院的文化。于是，这就成为他在那个夏天的任务。

94　　在夏天的实习进入尾声的时候，一位病人向他敞开了心扉。在他刚来的时候，这位病人并不认识他，与哈留斯分享内心世界不是因为对他有信心，而仅仅是因为信任他。随着时间的推移，哈留斯终于让病人感受到了理解、重视和尊重。这种对于他人的理解和同情，是使哈留斯得以成为道德领袖的核心特质之一。

　　如果不了解哈留斯，仅基于他的外貌，人们很可能会认为他不是个好人。他衣衫褴褛，蓄着弯曲的长胡子，再加上戴着红褐色的头巾，让他看上去像一个外国无赖。由于被误认为穆斯林，哈留斯在机场经常被搜身。没有几个人知道他的装束完全是因为他所信仰的锡克教传统。这也正是他承诺诚实与正直的内在体现。

　　会见迈克尔的时候，我想起了哈留斯，因为他们两个都是道德领袖。迈克尔从来不关注人们的衣着和长相。在大多数情况下，人们仅通过外貌去预先判断一个人的价值。但是，迈克尔却善于发现与之交谈或工作的人的内涵。他根本不注意别人的着装打扮。会见迈克尔的时候，我感受到了一种共鸣，一种非年积月累难以培养和发展起来的品质。对于迈克尔来讲，这个过程始于幼年时期观察别人的需要。迈克尔出生时患有脑出血，但医生并没有发现。这致使他 10 岁的时候，因患上脑水肿而不得不接受一个脑部手术。迈克尔同时患有严重的口吃，以及一些其他难以治愈的并发症。开始的时候他的口吃非常严重，以至于他的双胞胎哥哥凯文不得不将他的话翻译给其他人听。在接受脑部手术之后，他用了几年的时间重新

95　练习说话，这意味着他真正敢于直面自己的恐惧。

　　迈克尔直面恐惧，即使仍然口吃，但他开始尝试表演独角戏，然后进行专业的演讲。18 岁时，他开始获得各种公众演讲的奖项。在大学里，他创办了"斯坦福大学青年医疗科学项目"（Stanford Medical Youth

Science Program）。到医学院以后，以及再后来成为全职医生和企业家的日子里，他又成立了七个非营利组织。现在他是一个生命科学投资基金会的合伙人。他的人生经历和智慧帮助他在风险投资行业迅速立足。我非常荣幸地从他身上学习到了一些既可以提升公民活动，又能够提升风险投资的能力，尤其是同需要帮助的人产生共情的能力。

即使是在今天，迈克尔也不会自称为一个有口才的演说家。尽管他依旧有些口吃，但是他从童年时期的苦痛挣扎中所获得的真实的本性，使得他的演讲具有一种存在感。他的观察能力以及共情使得他能够以生命的策略与技巧为题，即兴演讲一个小时或者更久。他在斯坦福大学、普林斯顿大学和耶鲁大学都做过这样的演讲，并且受到了热烈的欢迎。

经历了那些年，迈克尔真正彻底改变了吗？也许从外部看来，情况确实如此。但是，他非凡的力量却深深根植于早期为了健康而进行的奋斗之中。他自己也承认，如果没有早期那些健康问题和社会障碍等着他去挑战和克服，他也不会拥有今天的成就。正因为儿时无法流利地说话，他才努力地提高自己的观察能力，才使得他能够透过人的外在，去发现他们的本质。在斯坦福大学期间，我见过多位曾经与他共事或者接受过他指导的人，对于他们而言，这是一次改变人生的经历。

再回头看，迈克尔任用哈留斯仿佛是再自然不过的事情。正如我在国家农场青年指导理事会和我所遇到的那些杰出的青年同事共同感受到的那样，当一位道德领袖与另一位道德领袖通力合作时，他们的共同努力便提升了彼此。

在公共服务方面，我已经逐渐了解了其中的基本规则。无论何时，只要有机会，你就应该与你的服务对象通力合作、共同奋斗。将近8月初，大学二年级的学习刚刚结束，我和来自全国的同龄人一起，在佛罗里达州度过了一个酷热难耐的夏日。我们一起在潮湿的、100华氏度的室外工作了8个小时。作为当时的或者是从前的国家农场青年指导理事会成员，我们想要感受到，我们一直以来不仅是在发放钱款，而是确确实实地参与了一个公共项目，并为之付出了辛劳与汗水。这么做能够帮助我们理

96

解，我们的基金对于一个需要它的组织而言，到底意味着什么。这是我们第一次不是为了决定资助哪个项目而聚集在一起，而是考察我们共同的努力能够给一个社区带来多大意义，同时对于哪些项目能够更有效地帮助年轻人有了更为明晰的认识。我们决定和佛罗里达州奥兰多市的"男生女生俱乐部"（Boys and Girls Club）合作。那是一个国家农场青年指导理事会曾经多次捐献款项的一个非营利组织。远远比投入钱款重要的是，我们想要激励俱乐部中的年轻人投身到公民参与中来，并且培养对于该项事业的热情，这也是我们通过各自的公民参与实践所培养出来的品质。

在外面散步时，我注意到在几个月前新建的操场旁边有几块空地。俱乐部的成员还没来得及治理那片区域，而我们迫切地希望能够帮助他们。我们的目标是在游乐区周围种上树木，为排球场建一个沙坑，建造一个包括露天看台、挡球网和长椅的足球场。

我同 7 位理事会成员以及 10 位来自"男生女生俱乐部"的青年的首要任务，就是搭建一套露天座位。这 10 位青年中，大多数都来自单亲职业母亲家庭或者高罪犯率的社区。我们早晨 8 点到达中心与他们见面，然后立即开始搬运金属部件并进行分类。在接下来的几个小时里，这些不同年龄和文化背景的年轻人都挥汗如雨，并且慢慢建造起了用来支撑框架的支柱。到中午的时候，我们一直在钻孔，拧螺栓。天气非常炎热，空气的湿度也很大，让人感觉十分压抑。快到下午 1 点的时候，一个监督人宣布，"午餐时间到了。吃饭了！"没有人理会。所有人都跪在地上，汗水从额头、手臂、手里握着的扳手上滴落。一个男孩大喊，"再等 5 分钟！"所有人都专注于他们手头的工作，食物和空调似乎一点都不重要了。一个公民组织如果想取得成功，不仅要有合适的人，还要有对于任务的共同认识和共同的投入与奉献。那一天，我和正确的人在一起。

几个小时以后，我们安装完了露天座椅，便开始去帮助建造沙坑排球场。这时，每个人都已经在室外工作 8 个小时了。然而我们的任务还没有完成，还有几百磅的沙子等着我们搬到沙坑中去。顶着湿气，我们铲了一桶又一桶的沙子，甚至把沙子装到垃圾桶的盖子中，抬过场地，填到沙坑里。我们的衣服上沾满了汗水、沙子和灰尘的混合物。大约下午 5 点的时候，一位管理人员告诉我们，一个承包商答应帮我们填掉剩下的沙坑。

"不，我们要自己完成，"志愿者们喊道。我们不是只会和承包商或者建筑公司谈判的受过大学教育的年轻人，我们不能仅仅为中心做一些细枝末节的工作。我们来这里的主要原因，是要通过我们与他们的共同努力，去激励这些年轻人，给予他们从事公民参与实践的力量。

通过那个经历，我更加了解那些理事会的成员了。无论从个人还是团体角度，我们都已经习惯了回报社区团体，但是我们从没有以团队的身份直接进行服务。那一天的经历提升了我对同伴们奉献精神和高尚品质的认识。他们拥有着道德领袖的综合品质：无私、真挚、正直和共情。他们是我所遇到的最为谦逊的人，他们从未惧怕走出理事会舒适的办公室，亲身进行公民参与实践，并与他人共同体味着为了公众利益而进行集体实践的重要意义。

第六章　公民参与应具有明确的目标

托马斯和欧内斯廷

目标在每一份工作中都很重要。如果一个人不知道目标是什么，那么他永远也不会清楚他所取得的成绩。私营部门的目标往往和公民参与的目标有些差异。对于一个企业来说，虽然顾客、雇员的满意以及环保等目标都十分重要，但是这些一般都是次要的，只有营利才是其最主要的目标。换言之，私营公司很少可以在不营利的情况下存活很长时间。欧内斯廷曾经在营利部门工作过，这对她正在从事的公民参与实践产生了一定影响。而托马斯仅在政府和非营利性组织中工作过。但是在本章，我们会共同讲述在没有一个衡量成功的固定标准时，明确设置公民参与过程中的目标所面临的挑战。

正如我们所讨论的那样，我们设定的目标既属于组织，又属于个人。托马斯在公共服务领域的职业当中，努力应对了设立明确目标的种种挑战。例如，他在法律服务公司担任主席时就曾面临过很多挑战。就个人层面而言，当他面临选择，是否接受联邦上诉法官的工作时，他深刻地反思这份工作是否最为切合他对于公共服务的承诺。欧内斯廷在斯坦福大学创业之初，在给企业设立明确目标时就面临了这样的挑战。在公民参与实践的过程中，建立非营利性机构会遇到各种各样的情况，她必须在每个岔路口上作出决定。我们的经历表明，设立明确的目标在公民参与中具有重要的意义。

托马斯

　　政府官员肩负着重要的服务公众利益的责任，但是如何为这种利益下定义？如何了解某个特定的行为是否为这种利益服务？如何衡量成功？这些都是不可回避的难题，我们在第二章已经讨论过。竞选政府公职的政客在候选时和当选后总是会有不同的说辞。我从未竞选过任何公职，但是我曾经有过为参加竞选的官员服务的经历，诸如全职为马萨诸塞州州长福斯特·弗科洛、肯尼迪总统、约翰逊总统、卡特总统服务，兼职为乔治·布什总统和克林顿总统工作。正如我在第三章中所讲到的那样，我认为约翰逊总统在越战升级的问题上负有重大责任，因为他担心如果不这么做，他的"向贫困开战"提案就不会在国会中通过，而这才是他最为关心的问题。

　　公众服务职位不以营利为主要目标。我的经历强化了我对于公民领袖基本要求的概念：公民领袖要制定一系列的主要目标，并且在后续的日子里持续关注这些目标的具体实现过程，即使遇到了意想不到的困境，他们也应该继续坚持下去。

　　1971年，作为斯坦福大学法学院的新任院长，我便开始认识到这一点。当时我36岁，在此之前的6年里我一直在该法学院担任法学专业的教授。这个职位并没有为我担任院长提供任何准备。但是前院长贝勒斯·曼宁在他任职的最后两年里，一直让我在法学院的重要岗位任职并以此为契机来锻炼我，其中一个岗位是学院某委员会主席，负责课程改革工作。这个职位使我懂得，要完成这项任务，就必须在改革中呈现能够满足法学院各个教师团队的期待和愿望的内容。18个月内，我认真倾听了法学院每一位教师的想法，然后才作出一些重大的改革决策，其中每项单拿出来都可能被否决。这为我日后担任政治层面的领导提供了十分宝贵的经验。

当我成为院长时，斯坦福大学法学院仍位于 19 世纪 90 年代斯坦福大学刚成立时的教学楼里。整幢建筑就是一个烂摊子。我知道，我最需要做的事情就是在法学院历史上第一次筹资活动中，为建立新的教学楼募集资金。在这个过程中，我还希望能够募集到支付教授薪水、发放学生奖学金和建立图书馆所需要的资金。斯坦福大学法学院正在努力进入一流法学院的行列，但是资金支持和配套设施与其他竞争对手相比相形见绌，每年筹集到的资金不足 10 万美元。初任院长时，曼宁递给我一份名单，名单上有近一半的教师，他告诉我名单上的所有人要么已经被哈佛大学法学院、耶鲁大学法学院或其他顶级的法学院所邀请，要么将来可能被邀请。失去一半员工的可能性让我深感恐惧。

所以我在第一年担任院长时，非常明确地确定了两项相互关联的主要目标。第一是要在筹资活动中取得成功，并以重建教学楼为此次活动的核心内容；第二是在努力吸引更多有实力的新员工的同时，加强现有员工与法学院的联系。新的教学设施以及新的教授团队将会有助于实现第二个目标。

我为筹集资金设立了一个宏伟的目标：在第一年内为新建四个相互连接的教学楼筹集 1200 万美元（当然我无从得知，40 年之后我的合著者欧内斯廷就是负责批准校园新建筑的理事委员会的学生代表）。现在看来，1200 万美元是一个很平常的数额。因为 1971 年那次成功的筹资活动，斯坦福大学法学院已经更换了四座建筑中的一座。新修建的这个建筑面积更大，一共花费了 8500 万美元。但 1971 年以前，斯坦福大学法学院从未举行过类似的募捐活动，因此这一活动面临着巨大的挑战。

幸运的是，我认识一些在资金募集方面非常擅长的导师，他们都在学校发展办公室任职。我懂得了人与人之间的相处之道，也懂得了我必须投入大量的时间，使得每一位潜在的捐赠者不仅对斯坦福大学法学院，也对我本人充满信心。令我感到惊讶的是，在潜在捐赠者的名单里，主要捐赠者中没有任何一位曾就读于斯坦福大学法学院，但是每个人都觉得自己

102

与斯坦福大学及法律领域有着千丝万缕的联系。

至 1972 年春末，我们一共为新建筑筹集到 900 万美元。一名虽与法学院无关但与斯坦福大学有联系的隐士，为教学楼捐出了一大笔资金；克雷斯基基金会出资建造了一座礼堂；还有一些额度相对小的捐款，但积少成多，一共达到了 900 万美元。最后也是最为重要的目标就是筹集 1200 万美元建设基金中所需的其余 300 万美元。芝加哥克朗财团的创办人亨利·克朗上校，很可能是我们募捐到最后 300 万的希望。他的儿子罗伯特·克朗曾在斯坦福大学就读，可惜英年早逝。他还有一个儿子在芝加哥担任法官，非常支持以捐款的方式来纪念自己已故的兄弟。然而我听他说他父亲坚持主张，捐出 300 万美元的条件是要求斯坦福大学法学院更名为克朗法学院，而我知道这根本没有可能。

记得当我飞往芝加哥时，怀里抱着一个由四个建筑组成的大型模型，这四幢建筑将构成法学院的新办公区。到达克朗上校办公室后，我开始为他介绍这个模型。他打断我，问道："需要花多少钱？"我说按计划，四个建筑一共需要花费 1200 万美元，我们希望他和他的家族可以捐出 300 万美元。"我们可以，"他回答道，"但是法学院需要更名为克朗法学院。"我有备而来。"我们可以做得更好，"我跟他说，"你可能知道，密歇根大学法学院又被称作库里庭，我们不仅会将新图书馆和办公楼命名为罗伯特·克朗大楼，而且会将这四栋建筑统称为克朗方庭。"克朗上校看着我，嘴角露出一丝笑意说道，"成交"。这样，这件事情就促成了。

幸运的是，我不仅为法学院的新教学楼筹集到足够的捐款，还获得了招聘新教授的资金和解决学院其他关键性需求的经费。这使得我们不再那么担忧教师跳槽的问题。但是，我依旧需要集中招聘一批能力强大的新教师。就像我在第五章中提到的那样，我们招聘了法学院第一位女性教师以及第一位黑人教师。我们还制定了扶持行动计划，以吸引和留住少数能力较强的申请入校学生。在我的任期内，我们陆续实行了一些其他的举措，但是没有一项能够阻止我和我的同事实现我们最初设定的两个目标。这个经历让我更加确信，在未来公共服务的职位上，设立一些初始目标是

103

十分重要的。然后努力不懈地实现这些目标，这就是成功的关键所在。

法律服务公司主席是我在政府服务体系中担任的第一个领导职位。我知道，在1976年1月1日正式任职起的几周时间内，我需要向国会提交一份下一财年的预算提案。我在第五章中写到，之前支持公民法律服务的联邦规划，一直是白宫经济机会办公室的一部分。在尼克松总统执政的五年里，拨款资金被冻结，但通货膨胀率却上升了30%，因此，为法律服务争取更多的资金将是我的主要任务。我知道如果新的法律服务公司要履行其法定职责、为贫民提供法律服务，那么资金的涨幅就尤为重要了。

通过与国会议员的初步交流，我确信我们需要设计一个简短的口号。我知道一旦我们可以证明该项规划可以发挥效力，并且能够高效运转，三分之一左右的国会议员就会全力支持我们。还有三分之一的国会成员，无论我们的论据多么强大都不会支持我们，所以争取中间三分之一国会议员的支持就显得尤为关键。那些人持怀疑态度，但是通过初步考察我知道，如果我们可以用一个强有力的理由设计一个新的口号，就有可能获得他们的支持。"更多资金"（More funding）这一口号并不能消除那些成员的疑虑，这些人既包括民主党人，又包括共和党人。

很幸运，我们有一位叫做阿尔夫·科比特的新员工，他也是唯一一位从原白宫法律服务办公室来到新的法律服务公司工作的员工。在他的帮助下，我们找到了答案。当他提到美国每一万人中有十一名律师，但在每一万名穷人里却不足两名律师时，我与执行副主席克林特·班贝格、科尔伯特在整个周末内心都备受煎熬。我马上意识到这一事实将会成为我们申请拨款的关键。我们称它为"最低准入"计划（"minimum access" plan）。在日后的四年里，我们希望能为美国公民法律服务筹集更多资金，目标是实现每一万名穷人中至少有两名律师这一标准。

幸运的是，这个看起来简单的方法却收效显著。作为法律服务公司主席，我在任职的第一个月花费了大量时间在国会大厅与国会议员和他们的幕僚交谈。"我们并不要求将对穷人的法律服务提升到与其他正常公民一样的水平上来，"我强调，"我们只是在争取一个底线标准——不到正常值的五分之一，确切说是一万人里有两名律师。"这是"最低准入"计划的实质。我们也不得不设计复杂的公式，以保证诸如东北部和西部沿海等高于最低水平的地区不会被排除在政策之外。事实上，考虑到通货膨胀，那些地区同样需要投入更多的资金，尽管那里所投入的资金不可能像没有或少有联邦政府资助的南部和西南部地区那样大幅增长。

我们将"最低准入"计划的目标作为四年内努力的方向。国会非常支持这个计划，投入的基金在四年内也由9230万美元上涨到3亿2100万美元。在那时，全国有6200名律师和2800名律师助理在323项规划中为公民提供服务。当然国会中也会有一些反对者，但是很大程度上，他们仅能够限制法律服务律师能够提供服务的特定法律领域。从一开始，他们就排除了这些律师在非治疗性流产、选择性服务和废除教育种族隔离等方面的服务工作。国会还增加了律师不得为非法入境的外国人提供法律服务这一限制，我们每年都不得不努力避免增加受限的内容。

国会中绝大多数成员都知道，如果穷人因无法支付高昂的私人律师费用而不能享受法律服务，国家法律体系的运行就无法堪称公平。我们指出，在多数情况下，生活在贫困线以下的民众需要我们的法律服务，因为他们往往面临着严重的生活危机，如被非法解雇、被迫搬离家园、失去社会保障或失业救济金。我们成功地说服大家，国家的法律系统的公正运行依赖于全体民众都具有享受法律服务的基本权利。

幸运的是，大量温和的民主党和共和党人士认为，与贫民迫于无奈 105
街头闹事相比，资助法律服务显然是更好的选择，前者会导致穷人失去更多的法律权利。大多数共和党人都反对约翰逊总统"向贫困开战"的后续项目，但是他们看到这项法律服务是不一样的：它在"整平游戏场地"，创造公平环境。

虽然"最低准入"计划得以通过，但是我知道，除非个人律师事务所的律师同意花费时间和精力为穷人解决法律问题，否则许多穷人仍然享受不到公民法律服务的待遇。我们的第二个主要任务，就是要说服律师，为穷人提供义务的法律服务是他们职责的关键组成部分。我论证道，公众已经将法律服务行业视为垄断行业，因此公众有权利要求免费为穷人提供法律援助。美国律师协会（ABA）以及全国各地的律师协会都赞同这一观点。我与美国律师协会领导人积极合作，以加强法律服务。当然并不是每一位律师都赞同这种做法，一些人也会控诉我在实行一种"非自愿劳役"政策，但大多数私人律师普遍作出了非常积极的回应。

令我感到惊讶的是，当私人律师不愿意付出时间和精力为穷人解决法律问题时，他们经常这样应付："我不了解住房法和社会安全福利。"当我提出我们可以为职业律师提供短期课程、讲述这些领域应该了解的知识时，律师们会这样说："穷人和我在一起会感觉不舒服。"我终于意识到，他们的真正意思是说，跟穷人打交道会让他们感觉不舒服，因为他们从未这样做过，尤其当这些穷人恰巧又是黑人或棕色人种时，他们会更不自在。从这个经历中我总结出，人们在学生阶段受教育时就应该有接触穷人的机会。回到高等教育的岗位上以后，这种想法也一直伴随着我。

法律服务公司的第三个主要任务就是解决以下几个紧密相关的问题：为什么纳税人应该支持那些与帮助穷苦大众的公共项目相关的公民法律服务？既然现有的资金不可能满足那些人所有的法律需求，我们应该如何分配资金？我知道，作为有说服力的公共政策，从联邦基金拨款为公民提供法律服务的合理性，与分配过程直接相关。但奇怪的是，在法律服务公司成立之初，这并不是一项焦点问题。我们用了几千张纸，起草国会的听证会和辩论会上最终通过的法案，其中涉及公司的机构、董事会成员如何选拔以及众多的程序等等无穷无尽的问题。但是，为什么是法律服务——任何形式的调查中都没有提及这一根本问题。

与我和科尔伯特、班贝格关起门来制定"最低准入"计划不同的是，我认为公开讨论"为什么提供法律服务以及其结果如何"，"我们应该如何合理分配有限资金"等问题十分重要。如果用"法律服务是改善贫困状况的有效途径"来回答这个"为什么"的问题，那么司法改革则是法律服务的关键目标；另一方面，如果用"法律系统因贫穷而引发的问题并非不可消除"来回答"为什么"这一问题，那么就要在客户没有选择而只能使用法律武器的情况下，如被起诉时，为他们提供法律服务。我们公开详细地讨论了这一基本问题：为什么联邦政府应该为穷人提供公民法律服务的资金？

董事会利用几个月的时间，针对这一问题举行了广泛的听证会。公司针对每一个法律服务项目成立了理事会，成员都来自穷苦大众。其中，委托人理事会负责考虑这一基本问题。最后，在得到当地规划工作人员充分肯定的前提下，我和董事会成员都认为，每一项规划的委托人理事会应该有权判断任务的重要程度。例如，在纽约，住房是最大的问题；但是在夏威夷，当地原住民的土地所有权问题更为显著。当我们制定这个方案时，波士顿法律协会是唯一一个提出强烈反对的组织。他们认为，客户不可能完全了解评判稀缺法律服务资源如何分配的方法。但是随着时间推移，他们也接受了我们的观点。

我任法律服务公司主席时，还处理过许多其他的难题。例如，法律服务公司要资助一系列被称为"后援中心"（back-up centers）的组织，他们会在法律服务办公室面临复杂问题时伸出援手，尤其是在那些帮助穷人提供法律服务、处理法律系统改革的问题上。国会中的保守派人士坚决反对这些中心的存在，这些人由来自俄勒冈州的国会主要成员伊迪丝·格林牵头。在董事会的默许下，我们将原来的"后援中心"更名为"援助中心"（support centers），并且对外宣称不会再有"后援中心"。这一策略果然奏效，援助中心仍代表贫民的法律需求，继续做好各项工作。

在我任职法律服务公司主席的三年里，我为完成各项艰巨的任务付出了巨大的时间、精力和体力。幸运的是，我任职的时期是公司的鼎盛时期，法律服务律师将那段时间称为"黄金年代"。福特总统于我任期的前半段就职，卡特总统于我任期的后半段就职，公司在两届政府中都获得了巨额资助，并独立于白宫之外运行。事实上，在起初几个月里，福特总统政府试图撤回一部分已经分配好的资金，我们起诉了政府，成功保住了这些资金。这之后我聘请了一位全职总法律顾问，他是霍金豪森律师事务所的一位年轻律师——大卫·塔特，他后来成为了华盛顿特区美国上诉法院的著名法官。

在提供法律服务的那段时间里，有人问我是否考虑作为联邦上诉法官继续从事公共服务事业。1978年，哈佛大学法学院前任院长欧文·格里斯沃德打电话给我，说可以提名我为华盛顿特区美国上诉法院的法官。格里斯沃德是一个专门负责筛选候选人工作的委员会的主席，他认为我是这一职位的最佳人选。这使我受宠若惊，但是我知道我的性格并不适合全职法官的职位。虽然我会和利恩德·汉德导师拥有同样的专业水准，可是我意识到，上诉法官可以有自己的逻辑，但只能在回应诉讼对方当事人时，才能够摆明立场。我知道对于我而言，这种角色过于被动，很大程度上是由于公共服务领域的工作更加吸引我。

108　　我喜欢法律服务公司的公共服务工作，在那里我了解了更多关于美国贫民的情况。我亲眼目睹贫民所面临的挑战，当时的司法体系往往导致状况的恶化。我访遍了全国每一个州的法律服务项目。对我而言，这是一段绝好的学习经历。

我想起有一次在密西西比州的杰克逊市时，两名法律服务律师针对平等对待非裔美国公民这一问题，与州长和整个密西西比州的法律条款进行斗争。我和这两位律师花了一整晚的时间制定战略，第二天早餐时与律师协会的领导、密西西比州前任州长罗斯·巴奈特，一位狂热的种族隔离主义者见面，试图说服他们改变反对国家团结的强硬态度。巴奈特否定了我们的主张，坚持同我们讲述一系列种族主义者的故事。

还有一次在阿留申群岛，我遇见了几位阿拉斯加法律服务律师，他们刚刚在阿拉斯加最高法院上赢得一场官司，对手正是阿拉斯加州。法庭判决，阿拉斯加州应该为那些爱斯基摩人的孩子提供高中教育：他们的父母希望孩子可以在自己的村庄接受教育，而不必去俄克拉荷马州印第安人事务局管理的印第安人保留区中的高中就读。几位因纽特人领袖在冰屋中反复为这些意见的优势和劣势激烈讨论的一幕，深深吸引了我。

种种经历让我认识到律师和助理律师的职责和承诺，他们正在努力工作来降低正义在美国被践踏的程度。我清楚地知道，在这个过程中，由于资源有限，设定明确的目标是法律服务公司成功运行的关键，这一规则同样适用于公民参与的其他领域。

欧内斯廷

这是一个令人惊奇的场景：一群人挤在圆桌子旁边，大多数人在 30 岁到 40 岁左右，穿着西装和套裙，他们正在写下未来两年的"生活目标"。我已经读过屋子中每个人的传记：这其中有加拿大政府健康基金的合伙人，有三届奥林匹克运动会游泳项目的参赛者，有从事创业研究的大学教授。环视这间屋子，我感受到自己的渺小，感觉手足无措——这里的每一个人都是这样的成功。

109

虽然房间里大多数人的年龄是我年龄的两倍，但是对于所有年龄段的人，确定清晰的目标都非常重要。我们都是"考夫曼规划"（Kauffman Fellows Program）的成员，这个组织是在考夫曼基金会（Ewing Marion Kauffman Foundation）① 的资助下成立的，并于 2003 年将赞助权移交给了风险投资教育中心。它提供了为期两年的会员资格，旨在在全球范围内鼓励对于高增长、高影响力的创业组织的投资行为。我们中有 30 个人刚刚被选为"卡夫曼规划"的新成员，这是我们首次参加该规划的会议。在接下来的几天时间里，我们花了大量的时间了解彼此、听取业内专家的演讲、进行个性测试、开展即兴演讲训练，并且花费几个小时的时间确定目标。

这些成员的目标各不相同。一些人是风险投资商，寻求高的金融回报；还有一些人寻求通过诸如改善环境的方式，来提升他们投资的社会影响；另外一些人关注为私营企业提供投资，以推进政府规划的政府基金。

---

① 考夫曼基金会是目前世界上最大的致力于创业领域的机构，投入大量资金用于研究美国的创业、创新与经济增长的关系。同时，基金会在推动美国教育改革方面也扮演着重要的角色。——译者注

我们都有不同的个人目标。

坐在我身旁的是朱莉娅·摩尔，时任斯坦福大学发展中国家经济改革研究院（Stanford Institute for Innovation in Developing Economics）的副院长。她力图通过刺激研究和创新，来缓解发展中经济体的贫困现状。乔安娜·哈里斯，时任"全球事业"（Endeavor Global）组织的主任。"全球事业"是一个非营利的社会创业基金组织，它关注成长中的企业，包括位于西北非马里布地区的企业，主张通过创业促成经济的可持续发展。朱莉亚和乔安娜都致力于促进发展中国家的改革创新，并将其作为解决社会问题的方案。

在桌旁就座的，还有一些在政府工作的人士，他们每个人都有不同的目标。约翰·利斯科是宾夕法尼亚州财政部长的总投资官。他想要确保美国国库的 1200 亿投资基金得到妥善管理。安·阮是在美国食品药品监督管理局国家健康机构工作的一位医药官员，他特别热衷于研究一些充满前景的医疗产品没能进入市场的原因，若找到了解决办法，可能会为公司避免百万美元的损失。

110　　人群中也有一些传统的风险投资人。例如丹·简尼克是因酷泰风险投资公司的合伙人之一，"因酷泰"是我在第一章中提到过的一个投资于信息产业的非营利性公司。随后他决定去德丰杰风险投资公司的德克萨斯州分部工作。那天当我试图阐述我的目标时，我记起了我所参加的国家农场青年指导理事会的最初会议，这次会议使我决定，未来我会为支持年轻人的事业而进行大量的公民参与实践。

国家农场青年指导理事会是我第一次参与企业文化的经历。正如我先前提到的，我要为这个理事会服务，该理事会负责制定每年 500 万美元青年服务项目基金的分配方案。国家农场青年指导理事会为我参加这些董事会议支付了所有的住宿和交通费用。我最初的反应是，理事会的创建只是一个形式，会有一群成年人主导决策，我们这些年轻人主要是接受成年人的领导。我以为，这不过是国家农场这一公司履行其社会责任，看似具有一定前瞻性的方式。我很难想象年轻人会有权力决定国家农场的基金分配这一重大事项。

那天白天，由于航班延误，我不得不坐在机场，浪费大量时间等候下一个航班。我仍然记得那天午夜时分从芝加哥机场打车前往预订酒店时的情形，那个酒店是在最后一刻才预定到的。外面的天气非常寒冷，出租车司机根本不愿意下车帮助我拿行李。

令我感到惊讶和高兴的是，第二天清早举行的会议竟然是帮助我制订核心目标的关键，这一目标是要帮助年轻人实现他们的潜能。意识到这一点使我激动万分，与之相比，参会前的忙乱过程根本不值一提。在会议进行的过程中，我越来越清晰地了解到了国家农场青年指导理事会的根本目标，这也让我对自己和自己的目标有所顿悟。我记得当天，我乘坐电梯来到 14 楼，然后走上旋转楼梯，进入一间宽敞的房间，透过房间的窗户，我可以俯视整个伊利诺伊州布鲁明市的街区和有很多高耸的罗马圆柱的市政大厅的圆形屋顶。

我突然意识到，我与来自全国各地的同龄人一道，围坐在圆桌旁，而国家农场的首席执行官和董事会成员也会定期围坐在这个圆桌旁。我第一次明白国家农场公司真正地授予理事会成员做决策的权力。我们能够给其他年轻人授权，有权决定怎样明智地行使我们的权力。

我和其他理事会成员所关注的项目，都是由年轻人所倡导的公民项目。多年以来，在理事会审查项目的经历赋予我一个全面的视角，使我了解到，为了提升他人的生活质量，年轻人使用了很多不可思议的工作方式。当我离开理事会以后，一些能力超凡的青年领导继任了我的位置，他们也同样关注由年轻人主导的服务项目，我在书中重点介绍了他们中的许多人。帮助和促进青年人——无论是同龄人、投资者、志愿者或是朋友——从此之后便成为我自我认同的核心部分。这一点可以体现于我所从事的非营利性工作中，体现于我在斯坦福大学期间所从事的学生会工作和公民活动中，体现于我努力为年轻人所倡导的项目筹集资金担任的风险投资角色上。

当然，如同其他领域一样，在公民参与中确定一个明确的目标，说

111

起来容易，但真正做到却很难。中途所遇到的艰难困苦，并非偶然，而是司空见惯。但是正如我本人和我的同龄人在公民参与实践中所见证的那样，只要我们有意识地保持关键目标的核心地位，我们终将缓解或克服困难。

　　阿洛克·怀德·梅农是斯坦福大学的本科学生，也是活跃的印度同性恋权益保护者。他曾经由于自己的激进主义思想而受到死亡的威胁。当阿洛克成为斯坦福大学学生同性恋解放组织（Stanford Students for Queer Liberation Group）主席时，他设定目标，去改变那些憎恶同性恋的人对待同性恋人群和同性恋权益的态度。他听说过同性恋同学自杀的事情，他们自杀是由于感受到了朋辈群体中憎恶或恐惧同性恋的主流文化。阿洛克希望能够在斯坦福大学发起一次关于性别和种族的大讨论，探究究竟什么是斯坦福学生的"规范"。他在宿舍的走廊和门口粉刷上标语，诸如："白种人特权：我知道历史课总是关注我的历史"、"异性恋特权：我是直男，我不必出柜"。他认为张贴这些关于同性恋和种族偏见的挑衅性标语，可以挑战白种人和异性恋的身份和经历高人一等的假设。

　　阿洛克和他的标语的确引发了讨论——但并不完全是他期待的样子。在张贴标语几个小时后，《斯坦福评论》在网上将阿洛克的全名公布。那些反感他的标语的人通过网上搜索，能够很快找到他的联络信息，阿洛克开始收到威胁信息：

　　　　同性恋解放组织①，请你记住，大自然将会抛弃那些一文不值的东西，不论是同性恋怪胎还是毒瘾婴儿。

　　　　我不能容忍同性恋，他们以最可憎的方式要求我们公开接受和容忍他们普遍的病态生活方式。同性恋解放组织不外乎是一个不道德的寄生虫，它正在摧毁这个曾经伟大国家犹存的道德体系。应该

---

① 同性恋解放组织（Queer Liberation Group），指阿洛克时任斯坦福大学同性恋解放组织主席。——译者注

有人去"解放"他们，这是为了他们好，你懂的。

噢，相信我——我们知道我们不是"规范"！得知了这一点，你可以消停了吧，阿洛克·怀德-梅农。

阿洛克震惊了。威胁起初只是小范围的，阿洛克不确定是否应该严肃地对待这些事情。"开始我害怕回到校园，"阿洛克说。出于安全防范的考虑，他在返回学校时，会见了斯坦福咨询办公室和斯坦福警察局的领导，他说："我感觉我直接受到了威胁。"

幸运的是，不是所有的公民参与的经历都像阿洛克的一样阴暗，但是他所总结出的经验适用于所有的公共服务领域：为了实现最终的目标，我们必须克服所遇到的障碍。阿洛克并没有被威胁所吓倒，而是始终顾全大局：他在整个校园内广泛开展对话和交流，获得了很多活跃的同性恋者的赞赏，他们告诉阿洛克，他帮助了他们。

正如阿洛克所理解的那样，当朝向目标不断奋斗时，人们应该关注积极因素，而不是消极因素。没有什么事情是一帆风顺的。苏门答腊·林是另外一位与我和托马斯曾经交流过的学生，她曾经说过："不要放弃，因为这一切证明你有多么的坚定，关系到你认为自己可以在多大程度上改变世界。"如果你坚持不懈，那么总有一天，你会意识到自己已经改变了世界。

有时在公民参与实践中，倡导改变是很艰难的事情，特别是当行政戒律和官僚主义大行其道时，这是我初次拜访洛杉矶的通路医院和心理健康中心时所意识到的。那次拜访是我在元旦为视觉艺术与音乐协会进行音乐制作的一项任务。

我们被要求摘掉常规的节日装饰：闪亮的黑色高跟鞋，用天鹅绒修剪成的驯鹿耳朵，纯白色的塑料雪人，彩色的笛子，以及其他的节庆道具。

在进入通路医院和在心理健康中心的 30 分钟时间内，我被拉到一边，因为人们认为我会"给病人带来潜在危险"。他们认为，我们带来的制造刺耳噪音的乐器、边缘锋利的乐谱架以及用来装饰礼物的长丝带，都是危险品。

　　我站在一群志愿者中间，焦虑地前后摇晃着，感觉无能为力。我们花费大量时间准备的各种节目即将归于徒劳。我问道："大家还记得我们为什么会在这里吗？"我不确定自己是否知道答案。在几个试图救场的黑色幽默——"因为我们想聚一聚"和"因为欧内斯廷强迫我们来这"，之后是一阵严肃的沉默。一个学生说道："是为了让这里的人开心！""正确！"我微笑着并努力表现得很勇敢，"我们没有这些节日装饰，也可以让大家开心。"

　　从某种意义上说，我觉得自己那天像个罪犯。那是新年的第一天，我并没有组织到很多志愿者，所有参加这次活动的志愿者都被严格地监视着。我们八个人小心地跟随一位保安，他打开了一扇金属栏杆的大门，站在一旁，谨慎地注视我们穿过这扇门。他的同事打开了第二扇门，虽然这个入口看起来舒服一些，但是仍被一个保安把守着，他身着制服，机警地看着我们。

　　在那些安保人员的眼中，我和我的同伴都不是有责任感的成年人，我们有可能是危险人物。为了给那些在生活中更需要快乐的人们带去音乐，我创建了视觉艺术与音学协会这一非营利性组织，但是，在这之后的每一个步骤都比预想的更为艰难，官僚主义障碍似乎延误了我们所有想做的事情。我们所做的每一件事，似乎都需要得到几页来自行政官员的许可，这些行政官员拘泥于小事，与关心病人和客户的幸福相比，他们更关心我们是否遵守了毫无意义的法规。管理问题一项项接踵而来，有时会一直持续到志愿活动开始举办时，甚至有时会持续到活动举办期间。

　　现在看着堆在我车库一角的箱子，里面装满了还没用过的节日装饰品，我想起了一位帕罗奥托高中学生会的负责人莉亚沃·辛顿，我和托马斯曾经与她交谈过。她曾对我说："我必须学会的一件大事就是化繁为简，返璞归真。"当我拜访通路医院和心理健康中心时，我自己也获得了这种感悟。当你面对一群患有精神疾病的青少年和成年人时，耀眼的装饰并不一定能使与他们共度的时光更加有意义，但微笑可以。

114

金伯莉·康纳在进行公共服务时也遭遇了相似的问题，她也曾经与我和托马斯交流过。她觉得，精心设计的目标和活动安排最后可能不由你个人控制——有时变得一团糟，应急预案也可能不会发挥任何效用。她讲述了一年夏天，在玻利维亚的蒂拉克和一个当地青年团体共同工作的经历。蒂拉克是位于山区顶部的一个小镇，人们很难到达那里。

垃圾处理是当地社区最为棘手的问题。在这个小镇上，商店角落里有垃圾，街道上有垃圾，似乎每个地方都有垃圾。村民们没有办法把这些垃圾清理干净，运下山去。金伯莉意识到，如果垃圾仍旧堆放在这里，整个社区的健康都要受到威胁，她决定组织一个社区美化项目。这个项目实际上是一项环保活动，目的是激励蒂拉克的青年清理垃圾。清理垃圾最多的人将会得到奖励。

带着胶皮手套，拿着黑色垃圾袋，数百名年轻人走上蒂拉克街头，每隔几分钟就弯下腰去，捡拾厚纸板箱、破纸巾和脏纸杯。辛苦劳作了一天后，金伯莉和她的志愿小组装满了一大堆黑色的垃圾袋，并堆在了小镇的一角。青年志愿者都坐下来休息，并感慨这是非常成功的一天。但一个项目的领导者指着这一大堆垃圾，担忧地大声说："这里没有地方堆放这些垃圾，我们也没有办法把垃圾运下山。"他是正确的，将垃圾装到袋子里的确对于社区居民的健康有更多益处，但是人们没有办法把垃圾运到山下。金伯莉没能解决这个棘手的公共问题。

有时候，一些公共问题的解决方法根本不在你的能力范围之内。当金伯莉第一次参与公共服务时，对于她来说最难以接受的事实就是，无论她多么热诚地追随一个项目，或者多么激情地投身于一项事业，她所能发挥的作用往往由外在因素所支配，这些外在因素完全在她的掌控能力之外。她希望蒂拉克的年轻人能够意识到这些，并且接受现实。因此，她给他们讲述了下述森林大火的寓言：

> 大火开始肆虐地燃烧。动物们很害怕，都从家中逃了出来。大象、老虎、海狸和熊都在逃命，鸟儿也在天空中惊恐地飞蹿。只有

一只小小的蜂鸟，不愿抛弃这片森林。这只小蜂鸟快速地飞到小溪，用它的喙啄起一滴水，再飞回来把水滴落在火上。然后，它再一次飞到小溪取水，把水滴落在火上。她就这样不断地往返着——一次又一次，一次又一次。其他动物看到蜂鸟用它小小的身躯对抗着无边的火海，感到很害怕。他们向小蜂鸟大声地呼喊，警告她浓烟和热浪的危险。"我能做什么？"兔子抽泣着说，"这火太热了。""这里烟太多了！"狼长嚎道。"我的翅膀会着火，我的喙太小了！"猫头鹰哭着说。但是小蜂鸟仍然坚持着。她飞来飞去，不断地衔起水，一次又一次地滴落在火焰上。最后大伙问道："小蜂鸟，你究竟在做什么？"小蜂鸟没有停顿，俯视所有的动物。她说："我在做我能做的。"

这个寓言故事时刻警醒着金伯莉，尽管我们每个人的贡献很有限，但是如果大家都有足够的勇气去做力所能及的事情，就将会产生巨大的力量，世界将会变得更加美好。金伯莉发动了整个社区的年轻人，但直到最后一天，垃圾处理问题仍然没有得到完全解决。人们往往不能完全实现所有最初的预想，但是他们可以激励其他的人，去做更多的事；只要做了，就会有所不同。

庆幸的是金伯莉并没有灰心，蒂拉克的年轻人和其他村民组成了一个团队，集中精力与金伯莉一道寻找解决办法。他们重新总结了那天清理垃圾活动的意义：这一活动在团队中建立了信任，与整个社区加强了联系。他们讨论如何实现清理垃圾的目标，并且很快就通过团队成员的私人关系，解决了垃圾处理的问题。他们向市里的官员反映了这一问题，找到了一辆大型垃圾装运车，运走了所有的垃圾袋。

金伯莉的成功经历，使我回想起高中毕业两年后，与布鲁斯·耐克莱特重逢时的情景。我们在斯蒂迪奥城的"杜泊餐厅"简单地吃了早餐。大约四年前，正是在这里，我第一次与他相逢，他当时就决定把我介绍给麦克·克劳斯曼，我在第一章曾经提到过他。我坐在红色皮质的扶手椅，非常清楚地知道自己究竟想要什么，但还是假装浏览着菜单。一个问题在

116

我脑海徘徊："为什么他决定支持我？"与布鲁斯初次相逢时，我只有 15 岁，那时我有许多疯狂的想法和巨大的需求。

"你听说过艾玛·孔克尔·迪维安吗？"布鲁斯问道。

艾玛于 1901 年开始为"救世军"（salvation army）进行志愿服务时，那时她只有 17 岁。她被派往纽约市威区进行街道募捐。开始时，她被动地坐在一个巨大的黑色捐款箱前，没有人愿意捐款。艾玛并没有放弃，她沿街找到了一个销售廉价商品的小店，花了 5 美分买了一个带把手的铃铛。第二天，她开始大声地摇铃，有几个人开始往捐款箱里投钱了。

"当我第一次遇见你时，"布鲁斯说道，"你仿佛在摇动着铃铛，而我必须作出回应。你把铃铛摇得那样清晰而响亮，我立刻意识到你有帮助别人的激情，所以我必须帮助你。"无论我们处于何种年龄段，无论我们是谁，我们每个人都有一个铃铛。如果我们为了一项崇高的事业，把铃铛摇得足够响亮，人们就会听到我们的声音。让你的目标响亮而清晰吧！

第七章 公民参与本身即为回报

托马斯和欧内斯廷

我们都希望在帮助别人之后获得对方的感谢。在本章中我们会阐述，虽然在如愿以偿接受他人的感谢时，我们会感到心情愉悦，但是人们从事公民参与实践，不应该希图所帮之人的感激。尤其是当我们通过公民参与实践帮助那些身处困境的人时，无论他们遭遇经济困难还是其他困难，在那种情形下，他们仅能表达自己的痛苦。此时，对前来帮忙的人，他们可能还会带有一些嫉妒之情。

当然，我们每一个人都在公民参与过程中收获过来自帮助对象的感谢。在这种情形下，我们也会深受感动。在第二章结尾部分，欧内斯廷讲述了她在养老院组织情人节宾果游戏时，收到了一位老迈妇人美好祝愿的经历。在第五章中，托马斯讲述了他在完成一项艰巨的任务后，迪安·腊斯克国务卿向他表达了赞美之情。

同时我们发现，收获感激之情与获得某种奖励并不是对于公民参与实践的真正奖励；真正的奖励应该是通过帮助他人、满足他人需要而收获的满足感。我们进行公民参与，因为它是我们生命的一部分；我们感到自己是幸运的，因为我们能够享有为公众提供服务的特权。

托马斯

在我的职业生涯中，经常会遇到一些私营部门的成功人士，他们希望能够通过公民参与实践回报社会。他们经常会在联邦政府中寻找机会，往往之前取得的成就越大，就越希望在政府部门中得到更高的职位。因为成千上万人都抱有这一期待，所以许多人都白费力气。政府中并没有那么多高级职位留给这些人，主席这样的职位，数量更是有限。可以直接向总统汇报的工作机会，则更是少之又少。

我发现，在联邦政府成功获得高级职位的那些人，往往都希望在公民参与中收获掌声和感谢，尤其是获得直接受益人的感谢。然而，我在法律服务公司工作的经历使我懂得，人们往往鲜有因公民参与而获得各种表彰和感谢的机会，公民参与本身就是最大的收获。人们不应该期待帮助对象所表达的感激之情，而是应该充分享受从事这份工作本身所能带来的快乐。本章的内容，是我在政府部门最后任期时的深刻体会。

我本可以在法律服务公司主席的职位上多做一段时间，但是我也希望能够获得直接向总统汇报的机会。卡特总统仍然在任，如果我再不试一试，可能就永远不会再有机会。我的许多朋友都希望能够得到这样一个职位，但都失败了。

我很幸运。当时沃伦·克里斯托佛担任副国务卿，与乔治·W.鲍尔之前的职位相同，只不过头衔名称发生了变化。① 克里斯托佛是斯坦福大学法学院的毕业生，也是法学院强有力的支持者，我们是老熟人。我在法律服务公司担任主席时，他是洛杉矶律师协会的负责人，他当时给予过我很多帮助。赛勒斯·万斯时任美国国务卿，他曾是纽约市律师行业的领军人物，也是为贫民提供法律服务理念的支持者，我们之间有着深厚的友谊。

---

① 副国务卿的名称由原来的 Under Secretary 变成 Deputy Secretary of State。——译者注

1978 年的一天，克里斯托佛打电话告诉我，卡特总统想要任命我担任一个新部门的首席负责人，负责单边和双边对外援助政策方面的工作，直接向总统汇报工作。我将依照美国的世界银行政策和地区发展银行政策，掌管美国国际发展署（Agency for International Development），主要负责针对全体第三世界国家，制定美国国家发展政策。这正是我梦寐以求的机会，所以我毫不犹豫地答应了。我非常欣赏卡特总统，而这个职位是一个能够与卡特总统一起共事的宝贵机会。我曾经与斯坦福大学商学院一位教授一起，面向法学院和商学院的学生，开设过一门名为国际经济发展的课程，所以我非常了解第三世界的发展和对外援助方面的知识，我认为这个领域真的非常有趣。

后来我才知道，这个新机构叫作国际发展合作署（International Development Cooperation Agency），但在当时，重组旧有机构、建立新机构这一提案还未获得国会通过，有很多民主党和共和党的代表反对这一提案。反对者认为，重组工作会导致在现有的联邦政府庞大官僚机构之上，再建立一层新的联邦官僚机构。克里斯托佛问我是否愿意接受这个职位，他告诉我，我的工作就是协调各种政策，而不负责项目的具体运行；助理国务卿道格·班尼特将会调往国际发展署主持工作。当然，我和道格都需要获得参议院的批准，我同时身兼四个职位，这些职位都需要总统的任命和参议院的批准。

幸运的是，来自纽约的参议员雅各布·贾维茨是典型的自由派共和党人士，他和许多民主党人一道，担任了重组规划的共同提案人。来自印第安纳州的民主党众议员李·汉密尔顿，曾任众议员外交关系委员会的负责人，也是重组工作的有力支持者。我们就对外援助问题进行合作，并在那时成了朋友。后来，我来到他的家乡，担任印第安纳大学校长，这进一步加深了我们的友谊。在国会中，卡特不是一位受欢迎的总统，因此正如这项提案的命运一样，他的提案往往饱经诟病。但这一次，我们并没有进行非常激烈的斗争，国会最终通过了重组提案。后来，我和班尼特都得到了参议院的批准，我们便开始共事。

120

卡特总统告诉我，他之所以提出成立这个新机构，是因为他发现国际发展署与其他的双边和多边援助项目之间缺乏协调。国际发展署是承担美国双边对外援助任务的主要部门，承载这一职能的还有农业部的"食品换和平"（Food for Peace）规划；多边援助项目主要由世界银行和一些区域银行负责，如美洲银行等。除此之外，卡特总统还表示，美国的国家发展政策应该与国际贸易政策以及其他国际政策相互协调。他说这是我出任这一岗位的职责，他会全力支持我。

卡特总统使我清楚地了解，他最为关心的首要任务有两项：一是促进经济的长期发展；二是保障人权。这两方面也是我本人最为认可的事情，因此成为我制定对外援助政策时重点考虑的问题。我认为，一直以来，美国政府通过对外援助来巩固政权的做法，已经侵犯了人权；在对外援助过程中，政府更注重促进短期对外政策的收益，而非长期发展前景。此刻是我将自己的想法付诸实践的最完美契机。

在任职几个月之后，我终于明白了为何班尼特作为国际开发署负责人，可以掌管数十亿的预算，而我手下只有几十名工作人员。我可以选择四个人和我一起共事，他们都会得到总统任命，当然这就意味着他们要获得参议院通过，但是我没有强大的预算来支撑我的决定。后来我才意识到，每位受到总统任命的工作人员都要接受联邦调查局的全面调查，这个过程需要持续几个月的时间。因此，有些我所选定的人也许不愿为了这个任期可能不足两年的新职位，而离开他们现有的岗位。

在我的办公室内，仍保留着和卡特总统握手的签名照。在它的下方还有一封他写给我的信，信中这样写道："托马斯：你是老板，大胆地去协调各个政府机构，我会支持你。请把你的困难和进展一并告诉我。"然而事实上，我后来才慢慢发现，除了卡特总统，在联邦政府的其他高层官员中，几乎没有人支持卡特总统提出的这两项首要任务。另外一个实际问题是，我的工作就是干涉其他部门的职责，告诉他们不能做他们想要做的事情，因为他们可能采取的做法与卡特总统的两项首要任务不一致。

我的好朋友赛勒斯·万斯和沃伦·克里斯托佛分别担任国务卿和副

121

国务卿，他们努力致力于倡导国际人权，是这个领域关键性政策的制定者，在一些重要的方面影响了美国的政策，使美国成为了世界其他地区的道德典范。他们负责处理发生在世界各地的大量热点事件，而发放对外援助资金，就是这类事件的解决办法之一。美国驻第三世界国家的大使可能会理解总统提出的两项首要任务的含义，但由于他们必须处理与派驻国家政府的关系，对外援助资金就显得尤为重要。

还记得在一次出访南美洲的行程中，我们首站访问巴西，我住在一位美国大使的家里。这位大使希望以美国的对外援助作为诱饵，来说服巴西政府，支持美国的一项外交政策。我已经忘记了具体是什么外交政策，但是仍然记得，当时我坚决表示，只有在能够推动巴西经济长期发展的前提下，我们才可以启用这项援助计划。行程结束前，这位大使已经对我十分恼火。我离开巴西时，他召集了所有高级官员，将一个沉重的玛瑙烟灰缸作为临别礼物赠送给我。他了解我并不吸烟，也没有大件托运行李。他知道，对于我而言，这个重达10磅的烟灰缸是最无用的东西，但是我仍然不得不在整个南美之行中携带它，并最终带回美国。过了一阵，我才意识到这位大使的这一举动有多么幽默。

我在双边援助方面遇到了重重阻碍，但是多边援助方面的障碍则更具挑战性。长期以来，世界银行和区域银行的有关事务一直由财政部负责，财政部长和他的同事们不会允许一位年轻的黑马闯入他们的特权范围。同样，食物援助事务归属农业部负责，贸易政策的制定归属国家特殊贸易代表办公室（US Special Trade Representative）负责，他们均不希望我在他们的势力范围内插足。只有总统助理亨利·欧文是一个例外，总统身边的其他工作人员并不愿意深入推动总统为我和国际发展合作署所规定的两项首要任务。在卡特总统第一任期的后两年里，总统身边的工作人员最为关心的就是确保卡特总统能够连任，对外援助政策根本没有被列入首要的政治任务。

让我惊讶的是，卡特总统直接给我打了几次电话，表达了对特定对外援助计划的兴趣，并询问我，美国应该怎样做才能够推动一些他所感兴趣的国家的发展，我记得马里就是其中之一。马里是非洲人均收入水平最低的国家，对美国而言，它绝对不会有任何战略意义。但是卡特总统了解他们所面临的贫困现状，并考虑为他们提供帮助。此外，他仔细阅读了我的每一份预算提案，甚至还坐在管理和预算办公室（Office of Management and Budget），聆听我的预算汇报。回想起来，人们批评卡特总统，说他是一位微观管理者，因为他更注重管理的细节；但是，他不是一位战略思想家。这个评价非常公正。此外，他用自肯尼迪政府之后从未有过的方式来展现美国的理想主义和价值观，但在里根总统任职之后，这一方式又不复存在了。

我在政府部门担任的这一职位，以及卡特总统对国会的微弱影响，意味着这项公民参与实践并不像我的其他政府任职一样有趣。事实上，我在国际发展合作署的任职是最无趣的一次任职，尤其是我与财政部官僚之间的斗争，特别激烈也异常艰难。我可以应总统的要求挑战其他部门的领导，但是我发现，通常情况下我不会成功。我无法在向总统表达愤怒之后，期待立刻得到回复。事实是，我不得不准备一份备忘录，来解释为什么需要采取或终止某一举措，来推动总统认为重要的事。而白宫的员工就会邀请一个持有不同立场的部门领导，同样写一份备忘录，来阐述他的观点。之后白宫的员工就会写一张所谓的"选择卡"来描述我们的不同立场。事情往往会牵涉很多部门，所以就会产生很多不同的立场。总统只能选择支持其中的一个。很显然，编写选择卡的方法会影响总统就此事作出的决定。白宫的一位工作人员亨利·欧文是我的一位铁杆盟友，但是面对其他部门的合围对抗，他也无能为力，我失败的次数远远多于胜利的次数。我和其他牵涉此事的人无数次共同见证了胜败起落的全部过程，但整个过程并没有起到任何增进美国公众利益的作用。

由于在国际发展合作署任职，我有许多次去非洲、亚洲和拉丁美洲第三世界国家的机会。我带领来自不同机构的美国官员代表团参加国际会议，并在会议上帮助制定政策。我曾经在美国驻几十个国家的大使官邸居住过。通过为国内贫困群体提供法律服务，我增长了知识，了解了很多世

123

界各地的贫困状况。我更加欣赏人们的智慧、奉献和百折不挠，是他们将美国的驻外事务和公共服务看作自己毕生的公民参与实践。

但是，这项工作却非常无聊。我从未像现在一样清楚地意识到，在工作中发现乐趣是多么重要。当然，我们不必每一天都寻找到乐趣，也不会有人提出这样的要求。但是在绝大多数时间里，人们应该能够寻找到快乐。我很满足，因为我信赖总统的目标。但是在多数情况下，我所做的事情都是异常艰难且官僚化的苦力活。

在担任法律服务公司主席的时候，我就逐渐发现，在公民参与的过程中，我们没有必要追求他人的感激，公民参与行为本身就是一种回报。美国有数十亿美元的对外援助专款，作为国际发展合作署的负责人，我有机会通过援助项目，加强美国对第三世界贫民的影响。毫无疑问，那些人都很愿意接受帮助，但是他们很少表达自己的感激之情。一位来自印度尼西亚的年迈妇女告诉我，她和她的家人痛恨自己极度贫困的命运，同时对美国人优越的生活感到气愤。她说，为什么我们就命中注定出生在这样"肮脏、野蛮又欠发达"的国度里？正如托马斯·霍布斯① 在几世纪前形容的那样。她接受了我们的食物援助，她完全懂得，接受帮助要比没有帮助强得多，但是美国人不能，也不应该希图获得她的感激。

在担任国际发展合作署负责人期间，我有时也会感到很愉悦。这包括适应几位总统顾问的处世方式，他们来自佐治亚州乡村，是总统的核心顾问。我记得曾经同白宫的几位工作人员以及总统的两位助理乔迪·鲍威尔和汉密尔顿·乔丹坐在一起，他们俩当时喝着可口可乐。他们先把饮料倒进杯子里，然后打开几包坚果，又把坚果倒进杯中，这样就可以一边喝可乐一边吃坚果——非常吸引眼球！还有一次，我坐在白宫整洁的餐厅里，旁边坐着卡特总统。我看到他拿了一大份粗玉米粉，顶端抹满融化的黄油。我做了激烈的思想斗争，如果我拒绝这份粗玉米粉，我的影响力是

---

① 托马斯·霍布斯（1588—1679），英国政治学家、哲学家。他创立了机械唯物主义的完整体系，提出"自然状态"和国家起源说，认为国家是人们为了遵守"自然法"而订立契约所形成的，是一部人造的机器人。——译者注

否会进一步减弱。最终我还是拒绝了。

在社交方面，我职业生涯的至高点，是在白宫参加接待尼日利亚总统的国宴。坐在我周围的人并不是很有趣，但是前州长埃夫里尔·哈里曼坐在我妻子艾伦的身边，他是我们夫妇心目中的英雄。我们有无数的理由崇敬他，其中之一就是，在漫长而杰出的职业生涯之后，他同意加入国务院，担任助理国务卿，因为他认为他还可以为自己的国家尽一份力量。晚宴结束前，我的妻子艾伦向他索要了一张名片作为纪念。他马上回答道："当然，埃利希夫人，如果你可以和我交换的话。"这些美妙的时光为我的工作增添了光彩。

我要强调的是，本书所讨论的每一个问题都很重要，而不仅仅是这一部分所讨论的公民参与本身即为它的回报。例如，我从来没有如此清晰地意识到，公民参与的领袖需要树立明确的目标。在与其他部门官员和外国政府代表见面时，我都要强调卡特总统交给我的这两项首要任务。我坚持认为，无论制定什么样的政策，其根本目的，都要推动这两项首要任务；否则，这些政策就不会出现在美国双边和多边援助计划中。但这并没有帮助我成为受欢迎的人。我还记得当时的助理国务卿理查德·霍尔布鲁克，我曾经为他赢得了极大的尊敬，他却对我大发雷霆，因为我并没有批准他为非洲某位领导人筹集运作经费。当然，在霍尔布鲁克看来，他可以利用这笔资金说服那位领导人，做一些对美国有益的事情。

1980 年 11 月，罗纳多·里根成功当选总统，卡特总统无法继续连任。因此，我不得不考虑我的下一步职业规划。我和我的同事本着两党合作的精神，为新政府准备了详细的汇报材料，叙述国际发展合作署的主要目标，以及在今后几年里如何实现这些目标。但里根总统任命的"过渡团队"（transition team）对长期发展援助和人权这两个问题并不感兴趣。事实上，除了名字，新机构已经几近瓦解。面对苏联，对外援助只关注进一步维护国家安全。

虽然我有领导一所大学的雄心壮志，但我一度认为我会回到斯坦福大学担任法律专业的教授。在过去的几年里，曾经出现过几次机会，我没

125

能够获得我最感兴趣的职位，同时也拒绝了那些我不太感兴趣但有可能获得的职位。不管怎样，在 1981 年 1 月，由于我的两个孩子还在华盛顿读书，离开华盛顿对我来说毫无意义。所以我计划在华盛顿的布鲁金斯学会做访问学者，同时在斯坦福大学办理休假。我曾经在斯坦福大学工作过11 年，但从未休过年假。

在布鲁金斯学会的那段时间，我可以总结在过去 5 年中任职的两个公民参与领域：法律服务和对外援助。令人遗憾的是，里根政府很快就开始着手减少对法律服务的资助，他们也仅在军事安全方面支持对外援助。在布鲁金斯学会，我可以撰写政策性文章和专栏文章，来讲述我在公民参与领域的经历，以及回归高等教育领域之后我将如何继续推动公民参与事业。

1981 年春天，我开始考虑是否要担任我母亲的母校——宾夕法尼亚大学的教务长。我和艾伦花了一整晚时间，与宾夕法尼亚大学的新任校长谢尔登·哈克尼及他的夫人露西进行交流，我们确信这将是一个好机会。自本杰明·富兰克林创建宾夕法尼亚大学，随后的两百多年时间里，学校没有校长，只有教务长；而且教务长这个职位很可能是顶尖大学中最具权威的职位。教务长要负责掌管学校所有的学术事务，例如职务晋升、终身教职聘任等；同时还负责所有的学生事务，以及学术和学生事务领域的预算授权。我很快接受了哈克尼的邀请。自就任宾夕法尼亚大学教务长之初，我就开始考虑，高等教育如何能够帮助学生增强公民参与的兴趣。

我之前介绍过，我们举家迁往费城几年以后，我女儿开始在"校园联盟"中工作，这是一个由诸多高校校长组成的国家级组织。该组织由约翰·W. 加德纳命名，他曾是我的公共服务导师。成立"校园联盟"是因为高等教育的领袖们认为，社会为"80 后"大学生贴上了"唯我的一代"（the me generation）这一典型的时代标签，但这对于大学生而言并不公平。这些高校领导认为，大学生应该拥有公民参与的机会，而高校有责任为学生创造一些这样的机会。由于我的女儿在"校园联盟"中工作，很快我便对它产生了兴趣，并积极参与其中。我认为，学生需要为他人服务的直接经历，而"校园联盟"恰好可以为他们提供这样的机会。

担任宾夕法尼亚大学的教务长，帮助我掌握了在一所大型研究型大学中进行学术规划的方法。对我而言，这份工作好极了，我十分热爱它。谢尔顿和露西成了我和艾伦的两个特殊朋友。我与谢尔顿的合作非常愉快。虽然宾夕法尼亚大学各个学院的院长都要向我汇报工作，但我发现，我可以和他们成为特别要好的朋友。

在宾夕法尼亚大学任职 6 年后，我认为我已经具备了担任大学校长的能力，而且我也希望能够得到这样一个机会。我期待能够领导一所公立大学，回归到公众服务的轨道上。印第安纳大学为我提供了一个极好的机会。该大学理事会成员希望，新任校长能够增强大学的学术优势，而我在宾夕法尼亚大学的工作经历刚好满足这一职位的要求。同时，这一职位还让我感受到了"十大地区"①（Big Ten institution）高校所面临的所有挑战：约十万名学生，分布在八个校区，以及每年 25 亿美元的预算。因此，我的职责不仅仅是关注提高学校的学术水平，还要特别关注为有意愿的学生提供大学就读的机会以及印第安纳当地的经济发展。位于布卢明顿和印第安纳波利斯的两个校区是学校主要的研究中心，其他六个校区以教学为主，为想要获得高等教育的学生提供受教育的机会。这八个校区都是当地以及整个印第安纳州的经济引擎。

1987 年春天，我幸运地当选为印第安纳大学校长。对于大学董事会和遴选委员会而言，这是一个勇敢的举措，因为我是来自东海岸的自由派犹太人，戴领结，而且从未有过公立大学的工作经验。印第安纳州非常保守，全州人口 550 万，只有 25000 名犹太人。而且事实上，在那里没有人会带领结！但是印第安纳大学理事会意识到，学校的学术水平在不断下滑，他们选择我，是因为他们认为我可以挽回颓势。

对于我和艾伦而言，选择赴任印第安纳大学校长也同样需要勇气。

①　美国的十大地区，指新英格兰、中大西洋地区、东南地区、五大湖地区、南方地区、中西部地区、落基山区、太平洋沿岸地区、西南地区、阿拉斯加与夏威夷。——译者注

在印第安纳，我们受到了热烈的欢迎。我们不仅没有后悔，反而还经常互相倾诉，能够来到印第安纳任职是何等的幸事，能够居住在美不胜收的布卢明顿校区内是何其幸运。自一开始，我们就在一起工作，我们从未体会过这种工作形式所带来的快乐。任何大学的校长职位都是透明的，一所重点公立大学的校长尤其如此。我和艾伦很高兴能够共同与州议会打交道，共同筹集资金，共同与印第安纳大学不同选区的选民共事。工作岗位的变动使得我们能够以新的方式合作。

在印第安纳州，几乎每个人都同印第安纳大学有联系，要么是本人毕业于印第安纳大学，要么是子女就读于印第安纳大学。印第安纳州的每一位居民都为他们的学校感到骄傲。我的职责就是通过提高学校的学术水平，来增加他们的自豪感。在我任职前，我与共和党州长罗伯特·奥尔进行了会晤，我希望确保我在华盛顿民主党政权任职的背景，不会损害大学的利益。他向我保证，他将大学视为印第安纳州的无党派资产。这与我的立场完全一致。

128　　作为印第安纳大学的校长，我可以将本书各个章节所阐述的公民参与和公民教育方略付诸实践，这些公民参与和公民教育方略，都是我从原来的经历中总结出来的。无论走到哪里，我和艾伦都会受到热情的款待，通过我们所接触的当地人，我可以感受到他们对于印第安纳大学强烈的自豪感。但是我和艾伦再一次地意识到，公民参与本身就是一种回报。由于在大学中做了一些事情，人们经常感谢我们。但是，正如在之前的工作中所感知的那样，我能够清楚地意识到，我们不应该期待他人的感激，更不应该依赖这种感激来获得满足感。

在正式就职之前，我就已经着手为印第安纳大学所有八个校区的本科生教育、研究生教育、科学研究，以及推动本州经济发展制定了复杂的学术计划。这些计划将是我任期内的最主要目标。我努力将这四个主要领域同学校的学术目标以及印第安纳州的直接利益紧密联系起来。在担任校长期间，我学会了如何与州议会以及印第安纳高等教育委员会紧密合作，高等教育委员会主要负责协调各种学术规划的工作。

在印第安纳大学，我再一次深刻地认识到，领导未必会实现他的全部目标，这是不可避免的。这一认识自我在公民参与领域的第一份工作起，就一直伴随着我，欧内斯廷在本书的第六章中也谈到了这一点。人们往往还没有从失败的痛苦中恢复，就已经将失败遗忘了，明智的领导者会从失败中汲取教训。

在我担任印第安纳大学校长第一年的秋天，发生了一件小事，可以印证上述观点。布卢明顿市体育局想要在足球场建造一个新的记分牌。体育局向我提交了一个提案，说印第安纳州一家大公司将会支付新记分牌的全部费用，条件是将该公司的名字和标志印在记分牌突出的位置上。我非常担忧高等教育在许多方面的商业化运作，也包括体育运动方面。后来这家公司又承诺再为学校购置一个大型电子显示器，安放在校园的主干道上。这个显示器可以用来发布校园信息和访客感兴趣的其他消息，但上面不会带有任何商业信息。我最终勉强地同意了。

在教职员委员会的第一次会议上，几位教师站出来反对这个提案。他们认为这个电子显示屏破坏了校园的美感。我仍旧坚持我的观点，主张树立这个显示屏，但是来自学校和社区其他人员的拒绝声音此起彼伏，反对的人数也越来越多。几周之后，我发表了公开声明，承认了自己在这一事件上的错误，并声明我们将不再按照原计划安放显示屏。

在声明中，我还表达了会从这个错误中汲取教训，今后在做决策之前将会更为广泛地开展协商工作。这一公开承认错误并表示会予以改正的做法，为我赢得了不可估量的信誉。更有意思的是，犯下这个错误，却促进了一项主要计划的实施，那就是提升学校的科研水平。

正如以往的职业经历一样，我非常关注主要目标，我很快就意识到那些理事是正确的：学校在学术上已经产生滑坡了现象，我所设定的所有目标，都应该与学术紧密相关。总体而言，学校董事会和教职员都非常支持我。这个管理机构规模很小，只有九名成员，包括一名学生。后来我意识到，如果有两名或两名以上成员反对我，那么我的领导工作将会变得非常艰难。但幸运的是，董事局主席迪克·斯托纳是个好人。他是印第安州最大的公司之一——康明斯发动机公司的执行副总裁，也是活跃的民主党人士，曾先后被共和党和民主党的州长任命为董事局主席。董事局副主席是来自印第安纳波利斯一名活跃的共和党律师亨利·贡佐，他是印第安纳州的英雄，因为他是近年来印第安纳州唯一一支橄榄球队的四分卫。斯托纳和贡佐的组合，是一个合作型的优秀团队，他们在我任职校长的最初几年里始终支持着我。

宣布任职之后，我拿到了下一年度校历的复印件。我意识到他们把返校节安排在了赎罪日① 那天。我马上致电斯托纳，并告诉他如果不更改时间，我将无法出席返校节。他毫不犹豫地更改了返校节的日期。犹太教职员工听说了这件事情，许多人都向我表达了感激之情。

有时我发现，政治与学术的优先顺序相互冲突。例如，我和医学院院长想采取一项措施，关闭印第安纳州的几个医学中心，其中一个中心坐落于南本德市。当时医学院大一的学生在那几个医学中心上课，我们想要将所有的医学教育整合到印第安纳波利斯，这样既能提高教学质量，又能节省资金。但是州参议院拨款委员会主席刚好来自南本德市，他阻止了这一举措。

在任职的第一年里，我与一位印第安纳州众议员讨论了印第安纳大学，以及它对于整个印第安纳州的重要意义。他很坦诚地对我说："托马斯，我知道你是一个好人，我也愿意帮助你。但是除非我从我的选民口中听到你所说的内容，否则我不会支持为印第安纳大学增加经费。"于是我意识到，我们接下来需要组织一场真正的基层运动，来筹集更多的经费。在董事会的支持下，我使用私人捐款，聘请了一家华盛顿的公司，这家公司具有丰富的基层运动的专业经验。我和董事会成员一共面试了四家公司，由于这家公司与印第安纳有着密不可分的联系，并且具有强烈的政治

① 赎罪日（Yom Kippur），指犹太人一年中最重要的圣日。在新年过后的第10天，这一天是犹太人一年中最庄严、最神圣的日子。对于虔诚的犹太人教徒而言，还是个"禁食日"，在这一天完全不吃、不喝、不工作，并到犹太会堂祈祷，以期赎回他们在过去一年中所犯的或可能犯下的罪过。——译者注

觉悟性，我们最终决定同这家公司合作。

这家公司帮助我成立了"印第安纳人高等教育"（Hoosiers for Higher Education）这一组织。它是一个由印第安纳大学校友和学生家长组成的基层群体，该群体在印第安纳州的每一个选区，都任命了一位负责人。每当新一轮的选举开始前，该机构的所有成员都会赶到州首府，大规模地探望他们选举出的代表。这一行动的效果十分显著。在我任期的那些年里，这种情况一直持续着，直至今日，它仍然是一股强大的力量。据我所知，这是美国公立大学的首次尝试。

在此期间，我幸运地得到了高等教育界泰斗赫尔曼·B.威尔斯的指点，1937—1963 年这 25 年间他一直担任大学校长。当我担任校长时，他已经成了一位传奇人物。他教导我"拥有伟大的梦想"，然后自信地工作，将梦想变为现实。在出任大学校长的最初几年里，他一直在计划实现大学在规模和学术两个方面的共同发展。后来他实现了他的计划，领导中西部一所小型大学走向成功。举例而言，虽然哈佛大学校长詹姆斯·柯南特和其他几所顶级大学的校长都反对《退伍军人法》（GI Bill），他仍旧选择支持这一法案。

我初次见到威尔斯时，他已经 84 岁高龄了。但他很快就在诸多方面成为我的导师。其中对我帮助最大的，是他在领导过程中发挥的典范作用，以及他对于公民参与的奉献精神。这比在我任期内所听到的任何个人见解都更有意义。其中最重要的是，威尔斯告诉我，要对大学和公立高等教育持有很高的期望。一项以他名字命名的奖学金就是一个完美的阐释。初到印第安纳大学时，我和其他人一样，也遇到了一些棘手的问题。印第安纳州高中有许多优秀学生，但他们都离开了本州，到其他州中的世界顶级大学接受本科教育。印第安纳大学一直在努力提升入学水平，也取得了一些成功。但除极少数学生之外，最优秀的学生依旧流失到了其他学校。

"赫尔曼·B.威尔斯规划"（the Herman B. Wells Program）是一项新的奖学金规划，学校希望通过颁发这项奖学金来应对优秀生源流失这一挑战。本州的所有高中都有权提名学校中一至二名最优秀的学生，得到全额奖学金。被提名者不仅应该是成绩拔尖的优秀学生，而且也应该是全面发展的领袖。我们邀请 50 名最为优秀的提名者，利用周末的时间参观布卢明顿，大多数情况下，他们可以与足球队或篮球队优秀的新队员会面。有 21 名同学不仅会得到全额奖学金，还将获得在他们感兴趣的领域与教师共同工作的机会。

这项威尔斯奖学金规划在教授委员会面前遭遇了严峻的挑战，因为许多成员认为，公立大学只能根据学生的需求发放奖学金。我同意这种观点，但是我认为，如果印第安纳大学真的想要提升本科教育水平，那么我们很有必要实施这项规划。幸运的是，还有一些人站在我这一边。他们也认为，如果不考虑需求，体育生不应该是获得奖学金的唯一群体。但是成功的关键还在于赫尔曼·B.威尔斯，他首次准许将他的名字用于奖学金规划当中。

我所担心的是这项规划实施的效果，因为我意识到，获得威尔斯奖学金的学生，同样也得到了来自全国各地许多顶尖私立和公立大学的奖学金。但是在 21 名被授予最高奖学金的学生中，有 20 名高中毕业生选择接受我们提供的奖学金，此时，我知道这项规划一定会取得成功。更重要的是，招生办主任告诉我，大约有两百名这项奖学金的申请者，原本不会选择印第安纳大学，但后来，他们在没有得到威尔斯奖学金的情况下，还是选择了来到这里，因为这项奖学金使得他们对于这所学校抱有很高的期望。

在接下来的几年里，我见到很多威尔斯奖学金的获得者，陆陆续续来到印第安纳大学就读。他们说，这个规划使得他们在整个大学学习期间提升了期望值。我为这些威尔斯奖学金的获得者开了一门研讨课，主要讲授与慈善和公共服务相关的知识，这是我在大学校长任期内所讲授过的几门课程之一，也是一门与我的思想与心灵最为接近的课程。因为它为我提供了一个机会，动员这些未来有可能成为所在社区领导者的学生群体，将公民参与作为自己的职业或副业。

显然，公民参与的领袖若要关注一些主要目标，他们就需要时刻避免分散注意力。与乔治·W.鲍尔共事时，我就已经意识到了这一点。当时约翰逊总统的注意力完全被越南战争所吸引，而放弃继续推进他的"伟大社会"规划（Great Society program）。

在后来公民参与领域的每一个职位中，我都能够看到从主要目标上分散我的注意力的潜在因素。这种情况对于高等教育的领导者而言，就更为普遍。例如，当我担任斯坦福大学法学院院长时，就看到耶鲁大学法学院的一位院长因为与妻子过度使用学院资金，用于重新装修自己的办公室而被迫辞职。但是即使有着这样的经历，在任职印第安纳大学校长第一年的时间里，我还是没能控制住自己，在篮球教练鲍勃·奈特和他的错误举止上耗费了大量的精力。

上一个赛季，学校篮球队获得了全国大学体育协会（NCAA）篮球联赛的冠军。之后奈特就开始趾高气扬。他具有双重人格：他性格粗暴，但又是一位优秀的教师；他仗势欺人，但对学校图书馆和其他善事却又慷慨大方；他是一名满嘴脏话的教练，但又深谙美国历史和军事史。前任校长从未处罚过他，即使他在波多黎各一场重要赛事上向对面的篮球场地扔椅子，还是获得了谅解。

我立刻意识到奈特正在考验我，就如同儿童考验父母。我只是他在印第安纳大学教练生涯中所经历的第二任校长。我们在赛季前的交往，并不是一个良好的开端。由于不喜欢裁判处理比赛的方式，他在与俄罗斯队的表演赛中，带他的队伍离开了球场。我很清楚地告诉他我的观点，学校在参与公共事件时，不应该有这种任性的表现。

在接受著名电视评论员康尼·钟采访时，奈特彻底爆发了。康妮与奈特在镜头前交谈了几个小时，并使用了和奈特一样猥琐的语言。在针对某一问题回应她的评论时，奈特说道："好吧，这就好比强奸。如果没办法避免，那就张开双腿，尽情享受吧。"当晚，访谈节目在全国播出，我很快就听说了这件事情。全国各地成千上万的电话打进我的办公室，谴责奈特的行为，并请求我解雇他。学校教师想出了一个解决办法，敦促我对他作出处罚。我马上打电话联系奈特，想听一听他的说法，但是始终联系

133

不上。于是我发表了一份公开声明，强烈谴责他的行为，强调他的评论不可接受，表明他的观点与我和学校尊重妇女的立场背道而驰。

第二天，我在校园听奈特的朋友说，他对我非常气愤，因为我还没有听到他的解释，就公开谴责了他。我还听说，他正在考虑离开印第安纳大学，到另外一所大学任职。24 小时之内，一则消息出现在全国的各大报纸上：奈特被新墨西哥州立大学聘请为篮球队主教练。奈特喜欢新墨西哥，甚至想过有一天他会从那儿退休，整个事件听起来合情合理。一两天之内，他就飞到了新墨西哥，会晤了学校的校长以及篮球队的支持者，他们热切地希望奈特去那里工作。

这些消息立即登上了印第安纳州各个报刊的头条，也刊登在了全国各大报刊的体育版。我收到了至少一万封来信。绝大多数来自印第安纳州的信件都支持奈特，反对我处罚他。而来自其他地区的信件则正好相反——离印第安纳州距离越远，人们就越反对奈特、越支持我。我最为喜欢的一封信来自印第安纳州的一位农村妇女，上面写道："我是一位 85 岁高龄的妇女，我的生活就是坐在电视机旁，我喜欢印第安纳篮球。你可以带着你该死的领结，滚回你的东部去。"我将这封信放在办公桌的第一个抽屉里，反复阅读这封信，它不断提醒我，印第安纳大学属于整个印第安纳州的全体公民，在一些具体的问题上，并非所有人都会支持我的立场。

我将这段日子称为"五月的黑色六天"，我不清楚奈特的去留。这一周同时还是学校的毕业典礼周，我每天都要乘坐学校的飞机，去不同的校区出席毕业典礼。在任何一个校区，我都会被一大群记者围追堵截，询问我的想法。开学周的前几天，奥尔州长打电话给我说："托马斯，你意识到事情的严重性了吗？奈特的离开将会成为整个州的灾难。"我并没有反驳州长，只是简单地说我明白这件事的后果。

在这一周里，我都在权衡除了公开谴责，还要对他过分的言论施以何种惩罚。一方面，他的谈话令所有思想正派的人难以接受，尤其还侮辱了女性。另一方面，我确信如果对他施加一项非常严重的惩罚，例如停职，他很可能会就此离开。我已经为印第安纳大学制定了学术计划，该计划已经制订完毕，正在实施过程中。我们已经引进了大量的新教师，还有一些人也在考虑来我们学校任职。我们已经制订了支撑性规划，以实现加强本科教育、研究生教育、科学研究和印第安纳州的经济发展的目标。我知道，由于印第安纳州和印第安纳大学对于奈特持有不同意见，我又公开地强烈谴责他的行为——这是我的前任从来没有做过的事情，如果奈特离开，这一整套的科研计划都会被搁置数月，甚至是数年。

最后，我决定不再采取其他行动，以期奈特会继续留在印第安纳大学。5 月末，毕业典礼结束时，他决定留下。有趣的是，就像坏孩子挑战了父母容忍的底线一样，他在我的任期从未再次做类似的事情。相反，虽然他还是满嘴脏话，但是在大多数情况下，他的行为是规范的，我们的关系也变得更加稳定了。然而，当迈尔斯·布兰德接替我担任印第安纳大学校长后，同样的事件再次发生了。布兰德最终决定解雇奈特。不幸的是，因为这一事件，布兰德为学校制定的规划全部被叫停，任何他首创的重要举措都无法开展。在领导岗位上，人们有时必须面对并处理计划外的危机，奈特事件就属于这一类。但这一事件对学校实现其远大目标的负面影响是巨大的。很快，布兰德就决定辞职，调到其他工作岗位上去。具有讽刺意味的是，他的新职位正是全国大学体育协会的主席。

1987 年，我就任印第安纳大学校长时，受邀加入"校园联盟"的董事会。几年后，我被选为董事会主席，直至 1994 年我辞去印第安纳大学校长职位时，我才同时卸任该董事会主席职务。起初，与前几任领导这个组织的人一样，我觉得为学生提供公民参与的机会是非常简单的事情。然而直至 1990 年，我才清楚地认识到，如果不能将公民参与和"学生社区服务学习"（Community-Service Learning）这门课程融合起来，教师和学生永远也不可能将公民参与当作学院的核心任务。而这两者的结合，是一种通过有组织的反思行为，将学术学习同公民参与相结合的教学方法。这种主动学习的模式能够让学生逐渐理解，他们如何感受自己的思想，以及如何思考自己的感受。

接下来的几年里，社区服务学习逐渐成为美国高等教育的主要力量。

135

然而，经过了很长时间我才意识到，倘若要在"知识学习"之外，获得欧内斯廷和我所说的"公民学习"的效果，我们需要注意引导学生的课堂反思，这种反思是文化知识与社区体验的纽带。公民学习意味着了解社区的功能及运作方式，这一过程并非易事，还面临着一些问题，包括：社区丰富的多样性；为提升社区生活水平，个体在时间和精力上的奉献；最为重要的是，使学生意识到作为社区的一员，参与解决社区难题的重要意义。

在宾夕法尼亚大学和印第安纳大学工作的那段时间里，尤其是在印第安纳大学工作期间，我深入思考了如何通过公民学习来促进公民参与。起初，我在加州州立大学开设了社区服务学习的课程；同时，作为加州大学系统的"杰出学者"（Distinguished University Scholar），我还帮助加州大学系统在 23 个校区内分别创建了社区服务学习中心。

136　　同艾伦一起回到加利福尼亚之后，我幸运地与李·舒尔曼建立了联系，他是卡内基教学促进基金会（the Carnegie Foundation for the Advancement of Teaching）的新任主席。在过去的五年中，我讲授过很多门服务学习类课程，并在加州大学系统的各个校区建立了社区服务学习中心网络。我决定接受舒尔曼的邀请，加入卡内基教学促进基金会，去撰写公民参与方面的书籍。令我尤为感到幸运的是，我非常欣赏的一位学者安·科尔比此时也受邀加入卡内基基金会，我们决定一起工作。

我与安的初次联系发生于我在印第安纳大学工作期间。那时我为获得威尔斯奖学金的学生开设的课程中，使用了她撰写的一本专著《真心关怀：道德承诺的当代呈现》（*Some Do Care：Contemporary Lives of Moral Commitment*）。我给她写了一封表达崇拜之情的信件，然后我见到了她本人。在随后的 11 年里，我们一直在卡内基基金会共事。安是道德发展领域中一流的心理学家，自担任哈佛大学拉德克利夫学院亨利·默里中心主任（Henry Murray Center at Radcliffe）起，就一直致力于研究道德和公民发展问题。由于我有在高等教育和政府服务部门任职的经历，我们的合作非常愉快。

在卡内基基金会工作的这段时间里，我编写了一部有关公民教育的书籍，我和安也一起撰写了两部专著，这些作品从不同角度关注了大学生如何获取必需的知识、技能和特质，以成为公民参与领域优秀的领导者。能够记录下我在教育学生的公民参与实践中所获得的心得体会，是我职业生涯中最为快乐的事情。

欧内斯廷

我花费了一些时间来考虑如何从投资者的角度，帮助其他年轻人理解创业的精神。这一想法是我在路易·奥尔索普联合公司做卡夫曼合伙人时产生的。我发现这一想法在加深对创业精神的理解上是无价的。我在那一领域的工作极大地帮助了我的公民参与实践。正如我所说的，我想要帮助那些想成为企业家的人，获得他们有可能需要的知识和技能，我知道他们中的许多人也会把公民参与付诸实践。

不幸的是，我发现高级企业家经常歧视年轻企业家。《名利场》(*Vanity Fair*) 杂志的活动就是最初的一个例子。《名利场》杂志把我列到 2011 年 137 "下一届培养名单"中，杂志的主编想要在纽约市的"猴子酒吧"举行一个庆祝活动。正如在第一章中描述的那样，我很兴奋地去参加这个活动，和我在麦肯齐室参加第一次专业调音并且遇到斯图尔特·奥尔索普时一样的兴奋。然而，当我进入酒吧几分钟后，我的积极情绪很快被打消了。接下来发生的事，对于年轻人来说很悲伤、很典型。当许多年轻人想加入到竞技场时，很多年长的人却认为那不属于年轻人。

"你住哪儿?"一个中年人问道。"我住在斯坦福的大学宿舍里，"我回答道。

他的脸色表明：我只是一个孩子，不能真正参与到风险投资的领域中去。这个男人迅速地抓起他妻子的手，迅速离开。我感觉受到了侮辱，起初我只能在角落里生闷气，并且为自己感到难过。然而回忆起这段经历时，我马上意识到，在我生活的关键时期，有很多年长的人曾经帮过我，包括我在本书中详述的许多帮助。这个意识加深了我的承诺：帮助年轻人，在他们所选择的领域中获取成功。我对自己说，我将永远不会用我在"猴子酒吧"遭遇到的方式，来对待任何年龄的任何人。

幸运的是，通过我曾经领导过的学生会的学生服务部，斯坦福大学同意学生可以在教职工的引导下设置新的课程。我很高兴地了解到，工程学院的几个教授，包括工程学院的院长詹姆斯·普拉姆，同意讲授和支持我设计的课程。我知道，像别人帮助我那样，组织课程帮助别人获得创业技能，能让我得到巨大的满足感。

在斯坦福大学读大三时，我开始打算开设课程，令我感到吃惊的是，那么多人愿意提供帮助。我记得在发出邮件的几分钟之内，比尔·科尔曼便给予了回复。大卫·霍尼克在深夜里给我回复。托马斯·考斯尼随时给我发评论。作为一名创业者，比尔·科尔曼曾经参与创建毕易辉系统有限公司（BEA Systems）。该公司在他的领导下，创建了在所有软件公司中年收入达到百万美元的最快纪录。作为一名律师，大卫·霍尼克在纽约的凯威·斯温·摩尔法律公司做诉讼律师，也是一个代表如雅虎这类新兴公司的辩护律师。托马斯·考斯尼在斯坦福大学和哈佛大学给工商管理硕士、博士和本科生讲授创业课程。

当我知道这三个人愿意把他们的时间投入到服务顾问委员会来，帮助我开设这门课程时，我深受感动。他们帮我设计课程，参加每一课程环节，好像一天中的任何时间都有空。比尔、大卫和托马斯在这次公民参与中是无偿的志愿者。我知道他们这么做，是因为他们想要同年轻人分享他们通过几十年的创业经验积累所获得的一些智慧。

除了奉献他们的时间之外，这三个顾问还帮助我聘请其他创业者、风险投资商、律师和硅谷的教授，来担任课程的客座指导教师和学生导师。在 10 周的时间内，学生们每周举行一次见面会，时长 3 小时。在这段时间里，学生可以从这个领域的专家那里学习到一些创业知识。例如说，推特的合伙创始人伊万·威廉姆斯，在塑造社交媒体方面有着举足轻重的作用。他和学生们展开了一场非常精彩的圆桌讨论。他谈论到推特在

138

"阿拉伯之春抗议"（Arab Spring protest）活动中的作用，并且就同学们关于推特未来可能规划的项目和目标的建议给出了一些令人深思的回应。

在最后一节班级研讨会上，我们给了所有同学一个机会，以非正式的形式见到了所有帮助过我的专家。这些专家都对课程提出过建议，这些建议又进一步改进了课程。当天，有近一百位专家为学生提供各种专业知识，所有人都积极地参与到和学生的谈话中去，就问题提供专业意见，诸如为新的社交项目筹集资金等。在研讨会结束时，每个人都欢欣鼓舞，戴上了羽毛围巾、尖帽子和其他滑稽的道具，在我们临时搭建的摄影棚中和学生们合影留念。

硅谷领袖为我的课程提供了帮助，这并不是因为外在的奖励。正如我自己在公民参与中感觉到的那样，帮助他人获得个人满足感是对自己的回报。出席本次活动的记者问为什么要为这个课程提供帮助时，杰夫·克拉维尔答道："我们总是很愿意帮助别人，这有利于硅谷的善缘。尽管这听起来很俗气，但我们都相信这一点。"克莱威尔是美国一家种子投资公司 SoftTech VC 的创始人，该公司是首批为新兴企业提供风险投资的公司之一。

我的同事埃兰特·纳尔逊来自弗吉尼亚州，是国家农场青年理事会的成员。他告诉我是什么在公民参与中激励他产生了内在满足感：提供帮助之后，受助者的脸上出现的微笑。他起初在受虐妇女避难所开始了志愿工作，当时他只是一名中学生。在那儿的妇女大多数仅有微薄的收入，或者是没有收入，她们挣扎着逃离受虐的关系。

埃兰特告诉了我他在避难所中和妇女带来的儿童一起工作的经历。他特别记得一个叫佩吉的小女孩。他笑着告诉我孩子们玩的叫"四角"的游戏，因为它占据了屋子的四个角落。孩子们根据口令从房间里的一个角落跑到另一个角落。当埃兰特告诉他们停下来的时候，每个角落的孩子们就应该作出不同的动作，最先完成的一组获胜。他说，他似乎还能看见佩吉把手从后面甩到肩膀，一只脚支撑着，前后晃动，然后飞快地跑过那张彩色的桌子，跑到避难所最远的角落里。就像在桌球游戏中击散一组球一样，她开始游戏，孩子们跟着她，在屋子里"嗖嗖"地穿过，从一个角落穿到另一个角落。

"停下!"埃兰特命令道。每一个人都像被冻住一样停住了。佩吉和在那个角落里的孩子开始单腿跳，咯咯地笑着。埃兰特特别喜欢佩吉和在避难所陪伴妇女的孩子们，他们多数只有三四岁，看起来好像是一直运动的机器。无论埃兰特提出什么游戏，孩子们都毫不疲倦地参与其中，重要的是，他们带来了欢笑。这是对埃兰特最有意义的一件事：孩子们脸上带着灿烂的微笑。有时候，孩子们笑到肚子疼。

记得我在施瑞德儿童医院有相似的经历，该医院是洛杉矶市烧伤治疗中心。一个小女孩缠着绷带，她的头发像针一样竖着，像板寸那么不服帖，和我在她这个年纪所留的发型一样。她的声音粗糙并且嘶哑，就像一个老妇人那样。她的双唇几乎看不见，毫无色泽。然而她用右手捂着嘴，将肩膀转过来，对着摄像机。她的另一只手抓着我的肩膀，脸倾斜着对着我。尽管见面才几个小时，我们却像多年的朋友互相注视着。

通过早期生活和公民参与，在同遭受精神和肉体折磨的"陌生人"打交道的过程中，我慢慢地理解了不同感谢微笑背后的含义，体会到了不同形式的个人满足感。我需要一些时间，在我与其他需要帮助的人的共性中发展自我认同。当我的同龄人和我通过视觉艺术与音乐协会开始社区服务的工作时，我们最初关注的是服务对象同我们之间的差异性。

2006年12月，我跟随视觉艺术与音乐协会的联合演出人员，首次去施瑞德儿童医院。在即将进入中心的时候，我和我的志愿者同伴们看见了从未见过的景象：一块大蓝布包裹着前臂；脖子上的胶带缠着薄塑料管；带着圆点花纹的白色医院大褂。我最鲜活的记忆是阿尼莎和一群女孩挤在角落里，阿尼莎是我们高中时的拉拉队队长，她有着几乎完美的脸，微笑时长长的睫毛更突出了她的眼睛，人们经常能够听到她说出的鼓舞人心的话语。然而那一天，阿尼莎并没有表现出积极活泼的一面，她和她的朋友与医院里的病人们保持着距离。"我们在这干什么?"我记得一个人说道，"这太可怕了。"

140

进行公民参与的收获之一，是在我心中那道区分我们和病人之间的清晰界线渐渐模糊。高中毕业前，我们又去了几次施瑞德儿童医院。我发现，我们对于所服务的孩子和他们每天面临的挑战有了更好的理解。在这个过程中，无论遇到什么挑战，我们都努力完善自己，因自己和周围的世界建立了联系而开心。

我还记得，因为在半面烧伤的脸上涂了外用凝胶，小女孩的脸颊闪闪发光。一个和我一起工作的志愿者在医院里逗她笑，让我把他的脸也涂上，这样他们就成了"双胞胎"。另外一个患者的脸用白纱布包裹着，粘着医用胶布，她的志愿者"同伴"则戴了一个闪亮的黑色尖顶帽子，几乎遮住了他的脸，脸上沾着薄荷糖和拐棍糖。第三个年轻患者的右下节胳膊被截去了，另一只胳膊用单色医用腕带来装饰。她的志愿者"伙伴"用鲜艳的狂欢节珠子装饰着手臂。这些富有同情心的小举动，给残疾孩子的脸上带去了笑容。在我的记忆中，这是我公民参与实践中最满意的部分之一。这不是瞬间发生的，而是在几个月中逐渐清晰的。这不仅仅关系到用音乐改变观众，改变的还有我们自己。

阿曼达·力姆遇到过许多挑战，但仍能重新定义成功，并且找到她满意的方式。她在一所高中的辩论队里担任义务教练，这个学校被一群新加坡人称为"社区学校"（neighborhood school），与"精英学校"（elite school）截然相反。在和其他学校辩论队比赛的过程中，她紧张地观看比赛，仿佛注视着她从未见过的事情，这和她的个人经历有关。她看到队中最自信的比洋·唐慢慢地流下眼泪，不自然地低垂着头，四个女孩围着他，不知道怎么办，她们从未看见比洋掉眼泪。仅仅几分钟前，他穿着利落的白色圆领衬衫、斜纹牛仔裤和红色的运动夹克衫，用自信和雄辩的方式反驳其他辩论队。他的突然转变令屋子中所有人感到震惊，特别是阿曼达。

比洋令人不满的举动对于阿曼达来说太熟悉了，那是她亲身经历过的。他有着面对人生挫折时再也不相信自己的表情。当时比洋参加由新加坡传媒公司第五频道赞助的名为"竞技场"（The Arena）的辩论风格的电

141

视节目。他的队伍刚刚输掉比赛，阿曼达则想起她高中的辩论队输掉了全国辩论大赛。

但是和阿曼达不同，比洋来自一所资源匮乏的高中，在那，学生几乎没有机会参加辩论赛这类课外活动。自从阿曼达在一年前决定无偿地训练他们，他的辩论队已经取得很大进步。阿曼达上学时的高中有很高的辩论水平。毕业后，她决定帮助这所没那么幸运的学校。

裕廊中学在过去十年的比赛中从来没有赢得全国辩论赛的头衔，也没有像阿曼达学校那样的资源。裕廊中学不能吸引有辩论才华的教练，成绩越来越差，因此将重点放在了其他俱乐部，这里几乎没有动力去培养辩论这份优秀的文化。自从阿曼达同意加入裕廊中学进行志愿服务以来，该校的辩论队迈出了具有历史意义的一大步。他们现在上了一期全国性电视节目，这是一个让他们闪光或失败的关键时刻。

在激烈的辩论赛中，比洋对他的对手作了一个粗俗的评论，一个令裁判和观众都谴责的评论。这是这个一贯自信的男孩哭泣的原因。我和阿曼达都对比洋报以同情。从考试可怜的得分，到看着社区服务活动慢慢解散，我们都体验过类似的失落和失败。阿曼达分享了这一段能留给比洋长久记忆的经历。"搞砸没有什么大不了的，"她说，"每个人都会失败，这就是我们学习的方式。只要记得重新站起来，再试一次就好。"阿洛克和我说过相似的一些话。当你表达并关注积极的方面，而不是消极的方面时，所有一切都像是一个获胜的场景，都是奖励。当你在这条路上走上几年，回望过去：你的蹒跚看起来是成功路上的小插曲。

回望我在公民事业上的征程——一个我刚刚开始的征程，我看到我的公民事业得以发展，不仅包括了访问医院和借助像视觉艺术与音乐协会这样的当地组织，为需要的人提供帮助，也包括组织慈善活动，代表其他的非营利性组织发言来寻求支持，促进创业企业提高社会和环境价值。共同的主题贯穿着不同的经历：试图给他人生活带来积极影响的个人满足感。

我想起了最近的一件事情，发生在我在斯坦福大学的最后一段时

间——参加一个清洁能源创业活动。我和其他三名投资者担任评审——这
三个人中，一位是摩尔维多投资公司的合伙人，一位是刚刚起步的天使投
资基金的投资人，另一位是道·琼斯公司的主管。他们要求我们为企业家
提供反馈，为他们的环境商业计划寻求资金。在圣何塞市的会议中心待了
两个小时之后，我收到了大量来自观摩此次活动的企业家的问题、名片和
许多出席后续会议的邀请。

143

在这次会议中我收到了许多关于寻求建议的请求，这和邀请我去讲
话的请求很相似，除了一些通过推特表达的感谢之外，我很少听到人们说
"谢谢"。当最后离开圣何塞市的会议中心时，我感到精疲力竭，觉得受到
了虐待。然后我意识到，正如我过去经常想到的那样，我帮助了那些需要
重拾信心和需要支持的人，那就是我的奖励。

我知道，对于许多人而言，他们很难接受别人的帮助，更别说接受
帮助后表达感激了。但是如果一个人帮助别人的时候，他在脑海中保持服
务于公益的远大目标，就不需要感谢。公民参与在个人满足感方面产生了
回报，成为自我认同的一部分。遇到困难是不可避免的，收获是巨大的，
服务他人的时候我们收获了快乐。我们再一次认识到，人类通过博爱，紧
紧地联系在了一起。

未来方向：利用科学技术进行公民参与

托马斯和欧内斯廷

在本书的最后一部分，我们讨论那些由新技术辅助的、各年龄段人们进行公民参与合作的机遇。对欧内斯廷这一代人来讲，使用诸如 **YouTube** 的数字媒体和诸如推特、脸书、领英的社交媒体，就像拿笔写字一样自然。而托马斯和大多数他那一时代的人在成长过程中从未接触过新科技，使用新技术对他们而言绝非易事。在这方面，他的几个孙辈是最好的老师。幸运的是，就公民参与的准备而言，每一代人都有其他人群需要的重要知识和技能。

就像我们在本部分中讨论的一样，我们都见证了公民参与中将传统教学方法和新技术相结合的重要性。我们认为帮助年轻人，使他们在资助公立教育方面发挥积极带头作用十分必要。欧内斯廷进入斯坦福大学之前一直在公立学校接受教育。托马斯曾经是印第安纳大学这所公立大学的校长，他也曾在另一所公立大学——旧金山州立大学（San Francisco State University）教授社区服务学习课程。近些年来，政府削减了对公立大学以及其他公立教育机构的资助。我们需要组织一些运动，来阻止像加州那样曾经伟大的公立教育体系滑入平庸，否则其教育遗产将逐渐消亡。

欧内斯廷曾参与旨在推广社交媒体的公民运动。她总结出四个主要步骤：吸引、参与、行动和评价，这些步骤对于成功而言都非常必要，在每个步骤中，我们都可以找到大量的年轻人从事公民参与的例子。除在政府部门任职外，托马斯将其整个职业生涯投身于教育。在智能手机和Web2.0时代之前，他组织了诸多旨在支持公立教育的运动。我们都认为，年轻人可以、也应该在诸如推动公立教育等重大的公共需求的运动宣传中，与他们的前辈通力合作。本部分论述了将这些主张变为现实的辅助性方法。

托马斯

在过去的几十年中，我效力于许多旨在推动青年人进行公民参与的全国性机构。我认为有些组织可以为年轻人合作提供重要平台，且应聚焦于直接影响年轻人所追求的生活方式，以及关于这个他们赖以生存的世界的未来前景的事件。

我在上文已经提到过其中一个组织——"校园联盟"。它成立于1985年，已经成长为一个拥有来自34个州的约1200名大学校长作为其成员的国家级组织。当我担任印第安纳大学校长时，我还兼任了"校园联盟"董事会的主席。在1999年，我帮助该组织起草了一份宣言，由全国数百名大学校长共同签署。宣言的开头这样写道：

> 无论私立大学或公立大学，无论学校规模大小，无论该学校采取两年学制或四年学制，作为大学校长，我们认为，高等教育应该重新审视其公共目标，以及对于实现民主理想的贡献。我们也认为，高等教育应该通过行动和教学来参与社区活动。我们的根本任务是振兴高等教育作为我们的民主制度的代理人的角色。这个任务既是一项紧迫的任务，又将是一项长远的任务。越来越多的证据显示，许多美国人普遍从社会公共生活，特别是从民主责任中脱离出来。我们特别关注大学生脱离民主参与的情况。一些研究显示，学生们

147

并不关心美国民主制的更高目标和愿望，他们的投票率很低，且高度认同政治参与没有任何意义。除此之外，在政治进程中犬儒主义和缺乏信任之风盛行。

不幸的是，十多年后，我们并没有完全解决宣言中所提出的问题。其中一个主要原因就是，我们还没有想出办法，让美国的年轻人团结起来，利用他们的精力和才华来倡导改变一些公共政策，以此来确保他们的主张不仅仅是空洞的口号。

"校园联盟"能够帮助青年学生投身实践，参与他们感兴趣的公共政策的关键性问题，在这方面，它发挥了关键性作用。我所参加的另外一个组织"美国民主计划"（ADP）也可以做到这一点。该组织包含全国各地240 余所公立大学以及"美国公立大学联盟"（AASCU）的全体成员。该组织可以代表至少 150 万学生。

"美国民主计划"成立于 2002 年，起初它是一个多家机构的集合体，在这些机构中，公民学习偶有开展，主要依赖于个体学生志愿者的公民参与活动；经过十余年的努力，该组织逐渐发展成为一种关系紧密的校际合作，通过多种形式的公民教育，帮助所有成员共同进步。我们发现越来越多的"美国民主计划"盟校，正在开展形式多样的公民学习，例如清扫公园、辅导儿童、为社区厨房提供食物等，这些活动已经完全超越了学生的个体公民行动。如今，"美国民主计划"盟校教育他们的学生，在本地、本州、本国以及国际的各个层次社区中进行政治参与。我所说的政治参与包含参与同公共政策相关的所有问题，而不单单是党派政治。我们发现，学校可以在一系列不同的学科中讲授政治参与，如科学、社会科学、人文学科和职业教育领域等。

148　　我同安·科尔比以及其他两位年轻同事共同撰写了一部著作——《为民主的教育：培养大学生负责任的政治参与》。这是一部关于形式多样的公民学习方式的著作，因为我们发现在大多数学校里，这种教育形式并不普及。乔治·梅哈菲是"美国公立大学联盟"的学术负责人，又是"美国民主计划"的领导，他认为应该将这本书作为"美国民主计划"的核心教材，就像"美国民主计划"成立之初，他所倡导的《教育公民：培养美国大学生的道德与公民责任》那本书一样。在最近写作的一本书中，我们研究了 21 门全美通用的、涵盖不同学科的课程，探索了如何将政治参与融入这些课程的教学中去。《为民主而教育》一书中的一项重要发现，就是学习这些课程的学生并不是在老师的压力之下采用特定的意识形态视角，而是在老师的鼓励下培养自己作出判断的能力。完成《为民主而教育》一书之后的这些年里，我们看到教育学生进行政治参与的课程和规划显著增加、大量文章和书籍陆续面世，这些从不同角度见证了学校政治参与教育的发展。

"美国民主计划"在不断发展和壮大。起初，我们更关注在个别课程中，通过教育个别学生来推动公民参与教育。如今，在该机构主席及其他领导的指导下，我们可以在整个机构及一系列领域中看到大量推动公民学习的规划。这些规划的目的在于确保学校可以成为社区公民活动的管理员，确保学生在毕业时都有能力成为他们社区中积极、负责、学识渊博的公民参与领袖。

"美国民主计划"的各项规划在高等教育中效果十分显著。但是在中小学的情况如何呢？正如梅拉·莱文森在她《不让一个公民掉队》（*No Citizen Left Behind*）一书中讲述的那样，对中小学的学生进行公民教育可能是一项更为迫切的任务。我对于中小学公民教育规划的参与程度远不及大学高，但我还是参加了两个以在中小学中推动公民教育为目的的重大项目。其中之一是一个很优秀的倡议组织，叫作"学校的公民使命"（the civic mission of our schools），它发起一个旨在推动所有中小学进行公民教育的全国性运动。前最高法院法官桑德拉·戴·奥康纳帮助指导这个项目。另一个组织是"公民教育中心"（Center for Civic Education），我在该组织的董事局任职多年。该组织由美国国会资助，在每一个州、每一个国会选区都开展大量活动。它也资助了许多旨在推动中小学深入开展公民教育的规划和课程教材。

149

　　我们急需这些组织在各个层面推动公民教育。如今我们国家面临着极其严峻的公民问题，我的导师乔治·加德纳认为，这些问题往往被误认为挑战。许多挑战都应该引起上述组织的特殊重视，因为他们直接影响了当代年轻人和他们的未来。这些挑战包括气候变化危机、侵犯妇女权利、过量的政治资金投入，以及本书中的年轻人提到的许多其他问题。我的脑海里有一个非常典型的例子：公共教育所面临的一系列财政问题，包括从学龄前到大学和研究生教育的每一个教育层级。当公立学校和公立大学因国家支持锐减而受到影响时，我们都能感觉到它所带来的痛苦。那么教育机构以及学生们该如何有效应对这一形势？因为我非常了解"美国民主计划"，我就列举一个它的案例来回答这一问题。但是，我的观点同样适用于"校园联盟"以及各个教育层级的其他组织。

　　我对加利福尼亚的情况最了解。那里曾经拥有全国最好的学校，但是现在许多学校都差得不能再差了。加州大学系统的 23 所学校全部是"美国民主计划"的盟校，他们都拒绝了很多资质良好的学生，并且越来越依赖于兼职教师。那些教师都是流动的，他们每天穿梭于三至四所学校，拿着最低的工资。克拉克·克尔的伟大梦想——"加州英才计划"（California Master Plan）最终也功亏一篑。在国家一度飞跃发展的教育体系遭遇毁灭时，我无须再赘述摆在其面前的灾难。即使是怀俄明州和北达科他州等少数几个州，它们曾避免了在其他州常见的拨款削减，但同样也受到了冲击，因为如果没有相邻的其他州为这些州的劳动力提供教育，没有公共教育体系所提供的基础，他们根本就无法繁荣发展。

　　我们要怎样通力合作才能够尽量应对公民安宁康乐所面临的挑战，具体而言，解决公立教育中的政府资助问题呢？我的答案就是我们必须使用新技术。它是学生生活不可分割的一部分，也是帮助人们解决所面临的公民危机的工具。

　　在第七章中我提到过，在担任印第安纳大学校长初期，我建立了校友支持者的网络系统，我将其命名为"印第安纳人的高等教育"。这个项目的运行使印第安纳大学获得了不断增长的来自本州的支持。如今，我已

150

离开那所大学许多年，但这个网络系统仍在运行。

我坚信，我们现在所需的是使用新的技术手段，让学生、教职员工接触和影响政府官员，尤其是那些管理各个层级的公立教育所需的公共资金的官员。一项由芝加哥大学的凯茜·J.科恩和密尔斯学院的约瑟夫·克内合作主持的名为"参与政治：新媒体和青年政治行动"（Participatory Politics：New Media and Youth Political Action）的科研项目的调查结果，有力地证明了不同背景的青年人已经越来越多地使用新技术进行公民参与。

我并不能熟练地使用新技术来设计宣传活动。幸运的是，我的合著者欧内斯廷曾对有效利用新技术来推动公民参与的策略进行了深入思考。我十分赞同她富于激情的明智主张。

欧内斯廷

科学技术的发展总是呈现出一定的周期性，在这样的周期中新技术会取代现有技术。每一个新的周期都会给社会生产力、人们与世界互动的方式以及人与人之间建立联系的能力带来巨大的变化。数字媒体就出现在这样一个周期。在2001年YouTube、脸书、领英、推特等社交媒体形式出现前，我们对于互联网的期待和使用方式与今天截然不同。我确信在接下来的几十年里，新技术将会对人们公民参与的能力产生重大影响。这些新技术可以帮助人们从3D打印机里打印医疗设备的影像，还可以通过自动导航系统将救援物资以更快的速度投放到受灾人员手中，等等。例如，151 帕蓝特科技软件公司与"鲁比肯团队"非营利性组织合作，可以提供更为迅速的灾害救援。诸如人工智能、纳米技术和生物技术等新科技所带来的益处，将会以几何形式增长。科技进步将会使年轻人更好地与公共需求建立联系，并且提升他们满足这些需求的能力。年轻人需要学习利用新技术，来提升他们的公民参与能力，以应对人们即将面临的粮食、水源、能源、医疗健康和教育等方面日益严峻的挑战。青年人同样需要强有力的公共教育，来学习和应用这些新技术。

我脑海中一个最好的例子是数字媒体。每当我坐在宿舍二楼的电脑中心，看着旁边电脑的屏幕上分布着"网页浏览器"、"文件"和其他的"窗口"时，我总会思索数字媒体的力量，尤其是社交媒体，它极大地改变了受时间和空间阻隔的人们相互联系的方式。以"阿拉伯之春"为例，它体现了来自不同阿拉伯国家的积极分子是如何利用社交媒体相聚一堂，促进公民参与和推动社会进步的。

"数字媒体"和"社交媒体"是什么意思呢？"数字媒体"是一个更为广义的词汇，包括任意形式的采用数据形式来存储信息的电子媒体，典型的例子如网页、博客和电子邮件等。"社交媒体"是"数字媒体"的一个组成部分，是指任意一个允许两人或两个以上的用户相互交流的数字媒体，不论是否为即时通讯。脸书、领英是典型的社交媒体，并且已经成为人们与朋友和同事在互联网上相互联系的流行方式。我的电脑技艺娴熟的同学在他们的电脑上往往开着一个万维网的窗口，展示着像 Gmail、推特、You Tube、维基百科这样的界面，仿佛种类齐全的军火库。在他们的台式电脑或笔记本电脑旁边，会有一个打开更多窗口和其他形式数字媒体的平板电脑，或者是一到两部智能手机，接收世界各地朋友的短消息。

当今的青年人广泛使用数字媒体相互联络。对于我这一代人而言，应用高科技似乎是非常自然的：我们伴随着万维网成长，并将毕生使用它。对于伴随着数字技术而成长的年轻一代而言，他们应如何利用这些工具，以促进公民参与呢？我在国家农场青年理事会两年半的工作经验可以回答这一问题。正如我先前提到的那样，这个理事会每年提供 500 万美金来资助由青年人领导或是关注的公益事业，旨在促进此类公益事业的发展。每笔资助基金的数额由 25000 美金到多达 10 万美金不等。作为理事会成员，我的电脑上经常开着一个网页，这个网页是脸书网上国家农场青年理事会的粉丝网页。

2012 年 3 月，我在理事会的同事邀请志愿者们申请"产生影响"

（Cause an Effect Project）这一资助项目，并提交申报书。来自全美的志愿者受到巨大鼓舞，他们提交了很多可能会在当地社区产生巨大影响的项目。在 20 天里，理事会收到了大约 3000 份申报书。理事会成员审核了这些项目策划，最终从中选取了 100 份最具竞争力的申报书。随后，脸书网用户投票选出他们最喜爱的方案，使得社区直接参与了资助的甄选过程。这一举措使得社区可以通过在国家农场的脸书主页投票而公开竞争，最终 40 个得票最高的项目均获得 25000 美元的资助。这一网络投票活动共得到 120 多万次投票，仅得票最高的项目就得到 67000 多次投票。这一事例验证了数字媒体的力量，并且表明了它可以以某种途径应用于托马斯在本部分中所描述的这类青年活动中。数字媒体可以促使民众关注对于青年十分重要的关键性公共政策问题，如为各级公共教育提供充足的资金保障等。

　　理事会的网上项目于我在该组织服务两年以后开始实施。我有机会第一时间了解数字媒体是如何将一个传统的资助程序转变成为一种互动的在线慈善活动。这一活动显著地加强了人们的公民参与热情。

　　在最初阶段，我们要求提交篇幅较长的申报材料，因此这个过程对诸如老师和行政人员等有经验的项目申报者有一定的倾斜。而新的数字媒体评审途径允许申报者提交更为简短和简洁的基金申请书。在脸书上完成项目申报工作使得整个申请过程更加尊重申报者的主体性地位，更加快捷和易于完成。由于申请材料更为简短，申请者群体的身份背景亦发生了改变。申请者群体从原来的拥护者，扩展到了整个社区之中，而在以前，他们可能对于传统的基金申请程序并不熟悉；越来越多的志愿者能够参与到资金申请的过程中。数字媒体将理事会提供的机遇带给了更多民众。

　　这个新的基金选拔方式使得理事会成员面临着前所未遇的参与程度和公信力水平的挑战。我们在脸书上的网页点击量急剧增加。超过一半的申请者是通过社交媒体了解到该项目，其中 37% 的申请者是通过脸书了解的，另有 21% 的参与者通过其他网站得知该事项。这一事例可以证实，数字媒体有着巨大的益处。但是，它同样有一些局限。正如理事会成员阿

153

历克斯·沃斯所说，在新的"产生影响"项目评选活动中，由于网上申请只能提供较少的信息，选出最优项目变得愈加艰难。因此，当申请者寻求超过 25000 美元以上资助数额的基金时，理事会发现包括长篇幅的申报材料在内的更加传统的申请方式仍然是必要的。因此，理事会采用了混合的方式来分配基金：申请者可以通过传统的基金申请方式来获得较大数额的基金资助，通过网上申请的基金申请方式来获得小数额的基金资助。

"产生影响"基金项目仅是利用社交媒体促进公民参与的案例之一。通过反思这一案例，我们可以进一步思考如何使用新技术，以在其他维度促进人们的公民参与。

我就读过的高中是洛杉矶的一所公立高中，我亲身体验到了整个加州教育预算削减所带来的影响。由于面临着裁员并且命运未卜，很多老师和管理人员，包括资助我所创办的视觉艺术与音乐协会公益组织的音乐老师，一起将学校团团围住。托马斯在本部分提到过加州公立大学体系和加州英才计划，我完全赞同资助各级公共教育这种全国性的重要议题，可以从使用数字媒体的青年人的公民参与活动中受益。这是一个关于此类国家公共政策问题一个完美的展示，青年人通过广泛地运用数字媒体，特别是社交媒体，来帮助国家促成必要的改革。在运用现有技术和其他在未来数年将会出现的新技术来促进人们公民参与的同时，我们应该遵循四个关键的步骤。这些步骤是：吸引、参与、行动和评价。

吸　引

154

首先，你需要吸引一个目标听众。那意味着要认真考虑为什么听众愿意加入你的事业。你要如何宣传和定位你的事业？你将怎样用一个深入人心的故事来获取关注，使你和受众群体联系在一起？宣传活动中讲述的故事，其感染力需要同我与托马斯采访过的那个年轻的公民参与新星特拉维斯·基弗的故事旗鼓相当。特拉维斯决定暂时离开斯坦福大学，为他所创建的一个给发展中国家提供小额贷款的非营利组织筹集资金的举动，赢得了举国上下的认可。在一年内，他筹到了几千美金，并且都是通过小额捐赠得到的。特拉维斯几乎是孤军奋战，他是怎样筹集到这些钱款的呢？

特拉维斯坚信小额贷款对于第三世界的发展至关重要，并且为了这个目的而筹集资金。但是他自己没有资金，他怎么能做到呢？他的一个朋友是一位健康保健师，他认为特拉维斯应该开始锻炼了，于是对他说："如果你开始跑步，我就给你五美金。"特拉维斯从来不是一个像样的跑步者，但是他的朋友鼓励了他。通过同龄人的激励，特拉维斯决定把跑步机拖到斯坦福大学食堂的储藏室并且开始慢跑。随着跑得越来越远，他有了新的目标：在每一个大洲都跑一次马拉松比赛，与此同时为他那个叫作"糖果基金"（Gumball Captial）的提供小额贷款的非营利组织筹募小额捐款。在募捐的时候，他想加入一点引人注意的有人情味的宣传：在赛跑的过程中给任何出资超过 25 美元的捐赠者制作个人视频。

特拉维斯在爱尔兰、阿根廷、日本、旧金山、津巴布韦和澳大利亚参加马拉松比赛，并沿途录制了上百个视频。在他出发奔向南极洲南极点的几天前，他的资金筹集活动又一次壮大了声势。一个叫作《科技先驱》（*Techlrunch*）的网络出版物报道了特拉维斯长途跋涉的故事，并且在首页给了他一个特写。像其他斯坦福的学生一样，我通过互联网了解到了特拉维斯的事迹，当时这些事迹在多个数字媒体网站上广泛传播，先是通过斯坦福大学的网络，随后是更宽广的其他途径。特拉维斯和他的故事在全美吸引了数以千计的民众。此外，这篇报道还提及了"糖果基金"的网站，在这篇文章发表后的两天内，该基金网站的访问量攀升到 10000 人次。在很短的时间内，特拉维斯筹集到足够的资金，来维持"糖果基金"一年的运转。特拉维斯用撼动人心的英雄事迹来吸引公众的兴趣和注意，更重要 155 的是他吸引了资金捐款。

为了获得支持者，除了拥有深入人心的故事之外，宗旨的一贯性亦是关键。成功的组织都有高识别度的明确宗旨。例如说，"变革"团体就有一个清晰的、目标明确的宗旨："为了任何人在任何地点都能以社会变革为目的发起、参与活动并取得成功。"这条通过网络请愿促成社会变革的定义精准的信息，使数以百万计的民众发起网络请愿并署名。从鼓励环球电影公司更新网站来反映环境问题，到催促美国银行以及奥巴马总统去审核失控的银行费用问题。在吸引支持者的过程中，"变革"团体保持了他们的宗旨始终如一。其他成功的网络组织具有相似的明显的宗旨。

除了拥有引人入胜的故事和实现宗旨一贯性之外，我还学到了在应用社交媒体吸引支持者的时候还有许多"不能做"的事情。"不要对你的支持者进行'疲劳轰炸'"，是我学到的关键性经验。每隔 6 个小时发一次信息会削弱信息应有的影响力。"不要发布和你的公益事业不相关的或是与你的统计数据不相称的内容"和"不要在没有考虑更多传统方法的前提下应用社交媒体"，是我学到的其他两个重点。我们需要牢记这些注意事项，就像牢记那些必须要做的积极经验一样。

参 与

一个撼动人心的故事是获取注意力的关键，并且特拉维斯的事迹的确拥有使人们参与其中的强大感召力。但那仅仅是第一步。

特拉维斯在他起步阶段投入了极大的热忱，由于这些努力，"糖果基金"得以配备了恰当的网站服务器来承受访问量的骤增。但是这种热忱，因为缺乏资金而无法持续。更为糟糕的是，这个机构缺乏一个强有力的理事会来协助主导必需的募捐活动，而且，经营这个组织要面临多种不同的挑战，特拉维斯一个人无法完成所有的工作。最终，"糖果基金"在成立两年后解散。回顾这一过程，我们可以学到，你不仅必须在一开始解决关键的资金筹集问题，还要发掘支持者，他们可以帮助你在不断扩大的支持圈中找到其他新的捐赠者，这样每一个捐赠都使得下一项捐赠变得更可能。在这一过程中至关重要的一点是，寻找途径让捐赠者参与到你的事业中，这种方式让他们觉得他们不仅是财政上的后援，也是帮助促成机构目标的真正参与者。

一旦吸引到了支持者，你一定要赢得你联系的那些人的信任并且使

156

他们参与到你的事业当中，最好是在你呼吁他们付诸行动之前就做到这一点。有许多办法可以提高支持者的参与程度，诸如鼓励合作与辩论、采用激励机制以及为互联网资料选择恰当的平面设计等。在运用这些方法时，我们非常有必要广泛征求支持者的意见：询问他们想要的，而不是仅仅做你想要的。

社交媒体的一个巨大的长处在于它能促进合作和辩论。托马斯半个多世纪前在哈佛大学所写的毕业论文，就是关于公共建议在民主中所扮演的角色问题，那时公共民意投票才刚刚成为一个专业性的事业。如今，民意投票已经更加可靠，但公众意见并不能够将新一代的公民从旁观者转变成为有学识的公民参与者，这种转变，是需要通过他们在关键性问题上的彼此互动以及与公共事业管理者的互动。这种转变的发生离不开社交媒体的协助，这种协助比以往任何可能的方式都要深入得多。

斯坦福大学罗布·赖希教授利用脸书在他的学生中间引发深层讨论的方法是一个典型的例子。一个具体案例是，他发布了一篇短文调查为什么越来越多的斯坦福学生加入到金融和管理咨询行业，而不是其他部门，在几个小时之内，所有在读的和刚刚毕业的斯坦福学生都给出了他们的回复，留下了长长的留言。当晚，有五十多个学生作出了评论，脸书网上的这个讨论使《纽约时报》开辟了一个由大卫·布鲁克斯负责的专栏。当社交媒体被这样有深度的议题引动，就会成为一种促成深度对话的有效方法，这样就可以超越时间和空间的限制去获得支持者的信任。我们在这里可以获得明确的经验：社交媒体可以让人们用以前从未梦想过的方式参与其中。在要求志愿者正式参加你的请愿和捐款之前，你应该利用社交媒体，使他们参与进来。

社交媒体一个主要的长处是你不用再拘泥于传统的白纸黑字；你的信息也不再局限于文本的形式，你可以利用图片、视频和一系列社交圈，以不同的方式传递情感故事。在斯坦福大学教授詹妮弗·奥克为"骨髓募捐"举办的"10万脸颊挑战"（100K cheeks challenge）活动中，我的朋友凯文·莫、维克托·艾姆和维尼特·辛格就是这样做的。为了获取口腔内

157

膜样本，扩大"骨髓募捐"的注册，为白血病患者匹配到潜在的捐助者以进行骨髓移植，我的同事把传统志愿活动的方式和新的网上视觉效果结合在一起。我还记得活动期间，经过位于斯坦福校园中心的怀特广场时的所见所闻。几十个签名单和几袋浸过唾液的棉签堆放在桌子上。凯文的左手抓着一大把笨重的招牌。"测试一下口腔样本，挽救一条生命。""你和我相配吗？""花上 10 分钟，延续一条命。"维克托的手快速地在他的苹果手机上轻敲着，抓拍照片并将它们一个接一个不断地发到脸书上。维尼特用右手引导志愿者，这些志愿者们都拿着一个顶端包有棉絮的小塑料棒，维尼特的左手还拿着三个医用棉签。他的嘴张得大大的，他用棉絮蘸口腔内膜两次。他有些尴尬地摆出嘴巴大张、手肘弯曲的姿势，用相似的风格完成了其他的样本检测。在接下来的几个小时里，越来越多的学生进行了口腔内膜样本测试，维克托也抓拍到了更多的照片。

那一天傍晚时，他们的午饭还原封未动。但他们记下了很多名字，搜集到了大量的签名，采集了大量的样本。维克托和其他的志愿者也拍摄存储了不少照片。志愿者们把这些照片发布在他们自己的脸书网页上，许多组精彩照片都可以在社区网站、照片分享网站甚至是宣传单上分享。照片和社交媒体是怎样推进公民参与的呢？多数情况下，他们恰恰起到让人们看到青年人进行公民参与的真实画面的作用，人们可以通过社交媒体分享图片，把其他人联系起来并且鼓励他们加入其中。社交媒体可以制造恰当的视觉氛围，让观看者们在特定的色彩和视觉效果中思考。

通过社交媒体促成沟通另外一个关键的经验，是运用社交网站之间的合作来确保分享和规模。例如博客和推特上的帖子不能看成是分开的工具，相反，推特不仅能"推"一下博客上的帖子，而且可以发布希望读者"关注"的博客地址链接，这样会更有效率。经营者应持有全局的视角，这样推动的效果就会最大化。与此同时，在应用不同形式的社交媒体时，在不同社交媒体的网站上复制相同的内容是不明智的。例如，推特网的帖子就不应该和脸书上的帖子一样。可以把推特网视为发布短字节文本和信息的平台，而脸书网则允许访问者直接在帖子上评论并且全程参与有深度的对话。在信任的前提下，沟通和视觉交流会比其他可能的方式让你更好地参与其中，更好地理解你的支持者。

行　动

广泛宣传很好，但这并不意味着拥有它就功德圆满了。它仅仅是个开始。一旦你吸引并且理解了一个支持者，你需要点燃他的热情，然后再把激情转化为行动。你需要把集体意见转化成为公民行动，否则就会陷入只能间或获得支持的困境中，无法脱身，而你的所谓的支持者也不会积极地参与其中。当我为我的非营利组织——视觉艺术与音乐协会招募志愿者时，我就具备了运用社交媒体并且把激情转化为行动的能力。

在大一结束后的暑假，我回到洛杉矶的家中。由于离开南加州，去往位于加州北部的斯坦福大学，有好几个月的时间，我和视觉艺术与音乐协会在地域上分离了。事实上，我身在 380 英里之外。那个夏天回到洛杉矶让我回忆起很多事情，与老朋友和志愿者重新联系起来，在圣费尔南多谷的街道上闲逛，最享受的是和我的姐姐克里丝汀娜一起在游泳池旁边追逐嬉戏。

在姐姐的帮助下，我决定为视觉艺术与音乐协会组织一个夏日实习项目。然而，自高中毕业，我就离开了视觉艺术与音乐协会的诞生地和总部洛杉矶，随之把这个组织交到了在高中里其他踊跃进行公民参与的学生和志愿者手中。就地域而言，我已经和这个组织分开了，尽管在我心中视觉艺术与音乐协会始终离我很近。

我有一项行动计划：我想雇佣新的志愿者担任夏季实习生，以此来壮大这个组织。尽管地理上离我公益事业启动的地方很远，我还是借助社交媒体的力量并且广泛地利用了一系列社交媒体工具来鼓励人们付诸行动。我采用的一些措施包括撰写博客文章，给脸书网上的朋友和志愿者发送信息，并且推广了一个关于社会改变的网络平台——"志愿者竞赛"（VolunteerMatch.org）。

159

通过社交媒体，我可以从全美招聘学生：一位同在斯坦福大学领导公民事业的同学；一位活跃的、来自加州大学伯克利分校的视觉艺术与音乐协会志愿者；一名来自较远的加州弗里蒙特市的高中生，以及其他来自全国各地的高中生和大学生——包括一些来自明尼苏达州、伊利诺伊斯州和马萨诸塞州的同学。这些学生们都能使用互联网，可以远程工作，并且他们都将整个暑假奉献给了视觉艺术与音乐协会的志愿工作。

接下来的一个夏季更进一步证实了社交媒体的力量。那是我第一次在视觉艺术与音乐协会"即时网络"（immediate network）之外指导志愿者。有数十名学生主动申请，令我激动不已。当我乘坐"红眼"航班（red eye flight）从佛罗里达州飞到俄克拉荷马州，当我一站一站地走访，希望能找到暑假工程专业的实习岗位，甚至为此在阿拉斯加州北部待上了几个星期时，阿曼德·翁蒂韦罗斯和艾琳·翁一直在帮助我指导志愿者。阿曼德和我同是国家农场青年理事会的成员。艾琳是我在斯坦福大学的同学，也是我在学生会学生工作部工作时的下属。阿曼德居住在伊利诺伊州，艾琳留守在加州北部，而我则在全美走访。

当我过着拎着箱子四处走访的生活时，我一直利用着网络和社交媒体。疲惫地坐在机场硬邦邦的椅子上时，我仍可以通过我的黑莓手机回复邮件，并且通过平板电脑上的网络电话和其他的实习指导员们沟通。科技的力量帮助我招募新的志愿者，赢得新的支持者，并且可以和世界各地的人保持联系。

与此同时，我们继续追求传统的志愿服务方法。在暑假结束时，我们把一组在洛杉矶的夏季志愿者集中到查韦斯饭店，这让我重新体会到了亲自和人们建立联系，以及再次取得联系的力量。我遇到了以前的高中志愿者罗德里格斯老师，就是那位在我开始创建视觉艺术与音乐协会时给我很多帮助的热心人。这次颇具墨西哥风情的餐叙即将结束时，一名志愿者向我说道："欧内斯廷，咱们要保持联系呀，在脸书网上！"从此我们通过社交媒体保持联系。互联网具有不可思议的力量，且并没有取代面对面的沟通方式。然而，当人们相距千里时，它是既便捷又强大的保持和加强联

160

系的工具。

评　价

最后，评价是利用社交媒体推动公民参与的关键一步。如果我能更积极地评价视觉艺术与音乐协会的进步，这个组织可能会比现在更加成功。公民参与——特别是那些年轻人领导的公民参与——所面临的重大挑战之一，就是在创始人离去之后依然保持这个组织的壮大趋势。当我离开视觉艺术与音乐协会时，它的成员人数迅速减少，几个分会甚至关了门。如果我那时可以一直利用科技的力量，保持积极的参与，或许可以更好地追踪我的公益事业轨迹，让志愿者更多地参与其中，当有大批成员脱离时，志愿者们也可以更快捷有效地协助处理。

没有任何语言能够强调对结果进行评价的重要性。通常情况下，很多机构并没有花费足够的时间去反思和总结它们取得了多少成效。尽管如此，社交网络监控工具和分析学可以帮助你评价有效性并且找到改进的地方。这是问题的关键所在，也是至关重要的最后一步。这些工具可以用来评价、搜集和分析历史数据，来决定最恰当的重点主题和推动方式。

在对"成功"进行评价的过程中，我逐渐意识到你必须首先确定恰当的关键性能指标，它取决于对于组织来说重要的因素。测量这些指标可以通过定性或定量的研究方法，也可以将两者结合。

数量指标有时可以将成功以数字的形式呈现出来。在社交媒体的世界中，脸书网用户可以用三种方式互动："喜爱"，"分享"，或是"评论"。"喜爱"要求最少的努力程度，因为它仅仅意味着点一下按钮；"分享"要求重新发布他人的信息；而"评论"则要求最多的时间和思考。"洞察力"——脸书网上用来评价成功的众多工具之一——可以让你一一计量人们使用这三种互动方式的频率，并且将某人浏览帖子的次数和此人互动的频率做比较。其他数量指标，包括网页的访问数量、带来的捐助资金数量以及受助人次统计等。

161

在社交媒体领域也有质性方法，质性方法的运用是为了更好地理解志愿行为以及这些行为背后的理由。例如，谷歌快讯就是一种应用同步监听工具的服务，主要去倾听和了解当前在博客、视频、新闻和其他网络平台上所讨论的内容。将数量指标和质性指标结合，则可以帮助我们综合评价通过社交媒体所取得的成功。

例如，国家农场青年理事会能够评价"产生影响"这个网上基金活动的成果。他们展示了提交者得知这个项目的途径：1114 人通过脸书网，635 人通过其他网站，546 人通过国家农场机构，156 人通过口头宣传。他们能识别出项目申请人的身份特点：年龄最小的 13 岁，最大的 88 岁。他们还告诉我们，为响应网站征集项目提案的号召，用户平均每小时会提交 13 份以上的提案。"提交量达到 500 份"的目标是在第四天的时候得以实现和超越的，而且他们确切地指出了提案的来源地。项目的合作者和前任理事会成员布拉德·蔻瑞荷对我说道："最重要的评价标准仍然在于这些基金对于社区的影响，以及我们有多大能力去唤起公众对这项由青年理事会发起的伟大事业的重视。"

当我浏览着手提电脑并且返回打开的脸书窗口时，我看到了来自以前高中老师的帖子。像罗布·赖希一样，梅因老师用脸书网来告知在校学生和校友北好莱坞高中所面临的问题。他频繁地分享一些文章，讨论了教材有限、高质量教师减少以及缺乏激发适应性学习的有效课程等问题。加州的整个教育体系目前排名几乎在全国的最后。

许多高中时期支持我的老师都挣扎在全州范围内公共教育预算削减的泥潭里，为此我感到难过。但至少我仍然能够通过社交媒体了解到这一境况。我不仅深受社交媒体的教育，而且拥有与他人沟通的能力，能够为发起活动来争取支持而贡献力量。

162　公共教育基金持续缩水将带来灾难性后果，我们面临的挑战是如何精心编辑讯息来明确揭示这一现实。这要求我们了解目标群体，大多数情况下，公众似乎把公共教育看成一种仅仅用于满足学生们未来职业需求的私人商品而已。但是托马斯在本部分中论述的公共教育机构都是建立在一个基础原则上，这个原则就是所有的年轻人都应该被教育成为有学识、有责任、积极参与他们社区公共生活的人。在过去的十年中我们看到，如果我们是用一种充满活力的直击心灵的方式，而不是用一些肤浅的把增加就业看作公共教育唯一准则的"事后诸葛亮"式的言论来描述公共教育的话，这一讯息在学生和他们的家庭中就能产生很好的共鸣。

通过利用如数字媒体等新技术，我们可以让现有的公民教育和参与的努力在更大程度上以学生和公民为中心。我们可以使像"美国民主计划"这样的组织更有互动性和参与性。我们可以掌握新技术，从而让更多的学生参与其中，并且让我们的教学和课程设置更有效果。我相信青年人能够以公民参与领袖的身份，在面临教育和其他领域的公共政策决策的挑战时，发挥重要的作用；也相信他们在担当重要角色的过程中，必须有效地运用新技术。

托马斯和欧内斯廷

20 世纪 20 年代末至 30 年代入学的斯坦福新生们都要选择一门为期一年的必修课程——"公民权利的问题"。① 这门课程占据了正规一年级本科生总课程的四分之一，并且深深植根于这所大学的奠基者——简（Jane）和利兰·斯坦福（Leland Stanford）——的远见和判断：培养公众事业领袖应该是本科生教育的首要目标。用斯坦福先生的话说，"我们所提供的教育既要让学生具备取得个人成功和直接享受生活的能力；更要让他们明白，为他们提供教育也是希望并信任他们能够更好地为公众服务。"

1928 年，斯坦福大学首次开设这门课程。在第一堂课上，埃德

---

① 关于斯坦福课程"公民权利的问题"的故事和相关的引用是根据卡诺坎（W.B Carnochan）的著作《课程的背景》（*The Background of Curriculum*，斯坦福大学出版社1993 年版）第五章的内容。罗宾逊（Robinson）教授在该课程的第一次讲座被收录于此书的附录中。托马斯在以前的出版物中用过这个例子。

加·尤金·罗宾逊教授告诉学生："公民身份是每个人的第二天职。随着
社会的进步，我们会观察到，一直以来的努力必将把我们自身的所言所行
与我们出生和成长的世界的事实相联系，必将使现代社会的不同方面相互
关联，从而证明公民身份不是一件孤立的事物，不是偶尔想想就可以的事
情，也不是留给我们中一小部分人花精力去完成就可以的工作；相反，正
确理解它恰恰是我们日常生活的根基。"

我们两人都认为，简·斯坦福是正确的。年轻人有义务参与到可以
使他们社区受益的公民事业中去。从简和利兰·斯坦福建立斯坦福大学之
后的几十年间，科技的力量使地球变得越来越小，所以社区的概念不仅包
括我们身边的地方，而且包含了整个世界。本书中的事例证明了青年人在
公民参与过程中可以产生非常强大的影响，无论他们所服务社区的位置与
规模如何。

对于公民事业领导权的教育，不再是斯坦福大学和其他许多大学的
常规课程。公民课程曾经是中小学的规定课程，如今却几乎从课表中彻底
消失。学生们会了解到公共事务，但是几乎没学过在当地、本州、全国以
及国际范围内如何参与推动制定有效的公共政策。然而，正如我们看到的
那样，全国的年轻人都加入到了伟大的公民参与之中，这些公民参与的经
历既改善了需要帮助的人的生活，又给这些年轻的参与者带来一种体味个
人成就的满足感，正是这种满足感使青年塑造了自我认同。我们在本书中
想要讲授的用以促进公民参与的经验并不难懂，然而参与本身却绝非易
事。正如我们列举的一些事例中所展示的那样，在这个过程中，人们往往
会遭遇令人沮丧的挑战。

随着时间逝去，大量实践表明公民参与能够成为青年人自我认同中
的必要组成部分，即关于他们是谁，以及他们如何与周围的世界、与需要
帮助的人联系在一起的这一部分。这种人格的塑造是人一生的旅程，也是
永远不会结束的旅程。我们希望我们折射自身经验的文字，可以使人们的
道路选择更加清晰，也可以让人生旅程的回报更具诱惑力。

致　谢

　　我们非常感谢下列在写作此书过程中给予我们支持和建议的人，他们是：布莱恩·查特曼（Blaine Chatman），安·科尔比（Anne Colby），玛丽·休伯（Mary Huber），帕特·哈钦斯（Pat Hutchings），大卫·马修斯（David Mathews），金·梅雷迪斯（Kim Meredith）和贾斯敏·施拉登（Jasmine Schladen）。

索　引

（本索引词条后的数字为英文版页码，即本书边码）

A

AASCU. See American Association of State Colleges and universities, AASCU.，见美国公立大学联盟

Abilities United，能力联盟，xv

Academia, politics clash with，学术，政治与……冲突，129

Acheson, Dean，迪安·艾奇逊，26

Action step, four-point plan，行动步骤，四点计划，158—159

ADP. See American Democracy Project, ADP.，见美国民主计划

after-school program, AmeriCorps，课后活动，14—16

Agency for International Development (AID)，美国国际发展署，119

Agnew, Spiro，斯皮罗·阿格纽，77，79

AID. See Agency for International Development，AID，见美国国际发展署

Alagappan, Muthu (SAPHOP volunteer)，凯文·莫和姆都·艾拉戈潘（志愿者），34—35

Alaskan legal services，阿拉斯加法律服务，108

Albertson, Elaine (SSD executive director)，伊莱恩·埃尔博森（学生服务部执行主席），87—88

Allene G. Vaden Health Center，亚伦·G.瓦登卫生中心，49

Alsop, Stewart (venture-capitalist)，斯图尔特·奥尔索普（风险投资资本家），17，18

Alsop Louie Partners，路易·奥尔索普联合公司，17，18，20

government service workers in，政府服务工人，21

altruism，利他主义，23，62

American Association of State Colleges and universities (AASCU)，美国公立大学联盟，147

American Bar Association，美国律师协会，105

American Cancer Society，美国癌症协会，72

American Democracy Project（ADP），美国民主计划，147—148，149，162

American Corps 美国军团，14；after-school program，课后活动，14—16

appellate judge offer，上诉法官邀请，107

Aptheker，Herbert，赫伯特·阿普特克，30

attract step，吸引，153—155

B

back-up centers，legal service，后援中心，法律服务，106

Ball，George W.，乔治·W. 鲍尔，xiii，xvi，2，118；on Diem's assassination，吴廷琰暗杀事件，85；Gulf of Tonkin and，北部湾，46；Markarios and，马卡里奥斯，84—85；policy-writing with，撰写政策，43—44；South Vietnam aid viewed by，越南共和国，45，85；U. S. foreign policy views of，美国对外政策，45；Vietnam withdrawal plan，越南撤军计划，47

Bamberger，Clint，克林特·班贝格，79—82，103

Barnett，Ross，罗斯·巴奈特，108

basketball coach，篮球教练，132—134

"Battle of the Nudes"（Pollaiuolo），《裸体者之战》（波拉约洛），3

BEA Systems，毕易辉系统有限公司，137

Bennett，Doug，道格·班尼特，119，120

Bennett College，贝内特学院，xvii

big-picture focus，兼顾大局，41—57；balance between details and，细节与大局平衡，41—42；equal respect for all as，平等地尊重所有人，55；individual variation on，个体差异，50；McNamara and 麦克纳马拉，46，47—48；Random Acts of kindness workshop，随机的善意行为讨论会，54—55；telephone tapping incident 电话窃听事件，42—43；Vietnam escalation loss of，越战升级损失，46—47

Big Ten institutions，十大地区，126

Birk，Harjus（Delek Hospital worker），哈留斯·伯克斯（德莱克医院员工），92—94，95

bleachers，project for building，露天看台，建造项目，96—97

blood donation，献血，62

Board of Trustees，Stanford，理事会，斯坦福，49—50

Bolivia，village garbage disposal project，玻利维亚，小镇垃圾处理项目，114—116

Boston Bar Association，波士顿律师协会，106

Bowling Alone：The Collapse and Revival of American Community（Putnam），《独自打保龄球：美国社区的衰落与复兴》（帕特南教授），xx

bow tie insult，侮辱领结，133

Boys and Girls Club，男生女生俱乐部，96—97

Brand，Myles（Indiana University president），迈尔斯·布兰德（印第安纳大学校长），134

brand consistency，标志口号的始终如一，155

Brandeis，Louis（Justice），路易斯·布兰代斯（大法官），63

Brazil，U.S. Ambassador of，美国驻巴西大使，121

Brookings Institution，布鲁金斯学会，125

Bundy, McGeorge，麦克乔治·邦迪，46，47

Bush, George H.W.，乔治·布什，xvi

Bush, George W.，乔治·W.布什，31

Buttenwieser, Helen，海伦·伯腾威泽，4

Byers Eye Institute，拜尔眼科研究所，20

C

California Master Plan，加州英才计划，149，153

California Scholarship Federation（CSF），加利福尼亚奖学金联盟社团，73

California State University（CSU），加利福尼亚州立大学，135

Campus Compact，校园联盟，xiv，126，135，149；Declaration，宣言，146—147；membership，会员制，146；problems，问题，147

Carnegie Foundation for the Advancement of Teaching，卡内基教学促进基金会，136

Carter Jimmy，吉米·卡特，xiii，xiv，48，107，120；AID created by，美国国际发展署，119；criticism of，对卡特的批判，122；IDCA priorities given by 国际发展合作署，120，124；Mali development project of，马里发展计划，122

Castro, Fidel，菲德尔·卡斯特罗，28

Cause an Effect project，"产生影响"项目，152—153，161

CBS Studios，哥伦比亚广播公司演播中心，12，53—54

Center for Talented Youth，杰出青年人中心，71—72

Center on Philanthropy and Civil Society，慈善事业和文明社会中心，21

Central City Community Outreach，中央城社区外展服务，14

Central Intelligence Agency（CIA），美国中央情报局，85

Chatman, Blaine（Stanford community service volunteer），布莱恩·查特曼（斯坦福大学社区服务的志愿者），92

Chayes, Abram（legal adviser for State Department），亚布拉姆·蔡斯（国务院法律顾问），2，42，43，83；Cuban Missile Crisis and，古巴导弹危机，24，25—28；legal analysis learned from，法律分析，65；moral Integrity in UK nuclear missile negotiations，英国核导弹协商中的道德正直，84；Panama Canal Zone riots case，巴拿马运河区大暴动，28；position offered by，提供职位，66

check-forging case，伪造支票案件，6—7

Chica, Christina（co-president of VAMS），克莉斯汀娜·克卡（视觉艺术与音乐协会联合主席），69—70

Christopher, Warren，沃伦·克里斯托佛，xiv，118，119，121

Chung, Connie，康尼·钟，133

CIA. See Central Intelligence Agency civic education，CIA，见美国中央情报局；公民教育，xiii，163；community-service learning，社区服务学习，135—136，145；funding decrease，资金减少，幼儿园—高中，145；K—12，148；organizations and publications for，组织和发行，147—149

Civic Mission of our Schools，学校的公

民使命，148

civic responsibility，公民责任感，xiv

civic work：appreciation note from senior，公民参与：老年人的感谢信，39—40；big-picture focus-in，兼顾大局，41—57；craftsmanship in，技术，6，7—8，11；defining，定义，xvi；distractions from goals，分散实现目标的注意力，132；education and 教育，59—60；entrepreneurship and，创业精神，17；Ernestine's first experiences in，欧内斯廷的第一次经历，xviii；expectations of gratitude from，期待……的感激，118，123，128；goal setting in，确定目标，99—116，129；imperceptible rewards for，细微的回报，37；importance of fun in，娱乐的重要性，122，123；increase in youth involvement，增加青年参与，xxi；moral leadership in，道德领导力，75—97；motives for engaging in，参与……的动力，23，59—73；need for，需要，xx；as own reward，本身即为回报，117—143；people of all ages in，各个年龄段的人，51—52；rejections as part of，拒绝，53；technology for，技术，145—163；Tom's first position in，托马斯的第一个职位，65；varied forms of，各种形式，xii；venture capital mixed with，风险投资，20. See also youth；youth civic engagement，见青年；青年人的公民参与

Clavier，Jeff，杰夫·克拉维尔，138

clean-technology entrepreneurship，清洁能源创业活动，142—143

Client Councils，委托人理事会成员，106

Clinton，Bill，比尔·克林顿，xiii

Cohen，Cathy，J.，凯茜·科恩，150

Colby，Anne，安·科尔比，61，136，148

Coleman，Bill，比尔·科尔曼，137

Coleman Institute for Cognitive Disabilities，科尔曼认知障碍研究所，20

collaboration，合作，xi，xii；through social media，通过社交媒体，156—157；between social media sites，在不同的社交媒体网站之间，157

College Spring，大学春天，90—92

Commission on National and Community Service，国家和社区服务委员会，65

Committee on Land and Buildings，土地和建筑协会，49，50

community-service learning，社区服务学习，135—136；funding decrease，资金减少，145

Conner，Kimberly（Stanford student），金伯莉·康纳（斯坦福大学学生），114—116

Corbett，Alf，阿尔夫·科比特，103

Corporation for National and Community Service，国家和社区服务组织，14

Corriher，Brad，布拉德·蔻瑞荷，161

Costello，Frank（"the Prime Minister of the Underworld"），弗兰克·科斯特洛（"黑道总理"），8

Court of Appeals，U.S. 美国上诉法院，107

craftsmanship，业务专长，6，7—8，11

Crampton，Roger，罗杰·克兰普顿，78，79，80，81，82

Cromwell，Oliver，奥利弗·克伦威尔，9

Cromwell，Bill，比尔·克罗韦尔，21

Crown, Henry (Stanford donor), 亨利·克朗（斯坦福捐助者），102

Crown Quadrangle, 克朗方庭，102

CSF. See California Scholarship Federation, 见加利福尼亚奖学金联盟社团

CSU. See California State University, 见加利福尼亚州立大学

Cuban Missile Crisis, 古巴导弹危机，23—24；quarantine debate, 隔离争辩，25—26；working for Chayes during, 在此期间为蔡斯工作，25—28

Cummins Engine, 康明斯发动机公司，129

Curley, James Michael, 詹姆斯·迈克尔·柯利，64

D

debate competition, 辩论赛，141—142；through social media, 通过社会媒体，156—157

Declaration, Campus Compact, 宣言，校园联盟，146—147

Declaration of Independence, 独立宣言，3

Delek Hospital, 德莱克医院，92—94；McCullough as doctor at, 麦卡洛在德莱克医院行医，94—95

Democratic Club, 民主党俱乐部，64

Democratic Party, campaigning for. See also American Democracy Project, 为民主党竞选，见 ADP，32

Department of Agriculture, 农业部，121

Diem, Ngo Dinh, 吴廷琰，85

digital media, 数字媒体，151—153；definition，定义 151；public-policy problem，公共政策问题，153

disaster-relief technology, 灾害救援技术，150

dispassionate objectivity, 毫无偏见的客观态度，9

Distinguished University Scholar, 大学系统的杰出学者，135

Dominican Republic, U.S. invasion of, 美国入侵多米尼加共和国，28

DoSomething.org, "行动起来"机构，52

Dow Jones, 道·琼斯，142

Draper, Bill, 比尔·德雷珀，20

Draper Richards Kaplan Foundation, 德雷珀理查兹卡普兰基金，20

Draper Richards LP, 德雷珀理查兹公司，20

The Duke's Children (Trollope), 《公爵的孩子》，75

E

East Palo Alto community, 东帕罗奥托社区，90

Educating Citizens：Preparing America's Undergraduates for Lives of Moral and civic Responsibility (Colby/Ehrlich), 《教育公民：培养美国大学生的道德与公民责任》（科尔比／欧立希），61，148

Educating for Democracy：Preparing Undergraduates for Responsible Political Engagement (Colby/Ehrlich), 《为民主的教育：培养大学生负责任的政治参与》（科尔比／欧立希），148

education：civic leadership 教育，公民领袖，163；civic work and, 公民参与，59—60；funding for public, 为公众筹集资金，162；See also civic education, 见公民教育

Ehrlich, Elizabeth (daughter), 伊丽莎

白·欧立希（女儿），xvii

Ehrlich, Ellen (Tom's wife)，艾伦·欧立希（托马斯的妻子），xv，128；civic work of，公民参与，61；Harriman and；哈里曼，124；leak to reporters by，向记者透露，45

Ehrlich, Tom：books co-authored with Colby，托马斯·欧立希：与科尔比合著，61，148；early career choices and motives，早期职业选择和动力，62—67；father of，父亲，5；international law treatise co-authored by，合著国际法律条约，28；as Jew，犹太人，127，129；mother of，母亲，3—4，5，60—61

elections，选举，31；2000 presidential，2000 年总统大选，31

The Elements of style（Strunk/White），《文体指南》（斯特伦克 / 怀特），44

empathy，感同身受，92，141

Enad, Racquel (Visayan intern)，拉克尔·爱耐德（维萨扬论坛基金会实习），37—39

Endeavor Global，全球事业，109

engage step，参与步骤，155—157

entrepreneurship，创业，109；civic work and，公民参与，17；clean-technology，清洁能源，142—143；teaching youth about，教育青年人，17，137—138；youth viewed by senior entrepreneurs，被高级企业家看作年轻人，17—137

Ernestine. See Fu, Ernestine，欧内斯廷，见欧内斯廷·付

Ewing Marion Kauffman Foundation，考夫曼基金会，109. See also Kauffman Fellows Program，见考夫曼规划

Exeter Academy，埃克塞特学院，59

expectations, of gratitude，追求感激，118，123；128

F

Facebook，脸书网，152，156，158

father, Tom's，托马斯的父亲，5

Federal Bureau of Investigation (FBI)，联邦调查局（FBI），120

financial crisis, of 2008，金融危机，2008 年，xviii

Florentine, Michelle (VAMS worker)，米歇尔·弗洛伦蒂娜（视觉艺术与音乐协会工作人员），72—73

Florida, Mote Marine Laboratory in Sarasota，佛罗里达州萨拉索塔市摩太海洋实验室，51

flute playing，演奏长笛，11

focus group, Stanford University，焦点小组，斯坦福大学，22

Fogg Art Museum，福格艺术博物馆，3

Foley & Lardner，福莱·拉德纳，85

Ford, Gerald，杰拉尔德·福特，77，107

foreign policy, U.S.，美国对外政策，28；Ball's views of，鲍尔评论美国对外政策，45；toward Cuba，美国对古巴政策，28

forest fire parable，森林大火寓言，115

Four Corners game，"四角"游戏，139

four-point plan，四点计划，153—161

Fowler, H.W.，福勒，H. W.，44

French Resistance，法国抵抗，18

Friendly, Henry (judge)，亨利·弗兰德利（法官），8

Fu, Christine (Ernestine's sister)，克里丝汀娜·付（欧内斯廷的姐姐），xvii—xviii，56

Fu，Ernestine，early civic work ventures，欧内斯廷·付，早期公民参与风险投资人，xviii

funding：civic education decreased，资金：公民教育资金减少，145；Hoosiers for Higher Education campaign，印第安纳人高等教育，130，150；Legal Services Corporation，法律服务公司，78，79，105—106；public education，公共教育，149—150，162

Furcolo，Foster，福斯特·弗科洛，xvi，100

G

garbage disposal project，Tiraque，Bolivia，玻利维亚蒂拉克垃圾处理项目，114—116

Gardner，John W.，约翰·W. 加德纳，xvii，126，149

Gateways Hospital and Mental Health Center，通路医院和心理健康中心，112—113

gay rights activist，活跃的印度同性恋权益保护者，111—112

Getty Museum，盖蒂博物馆，69

Girl Scouts，女童子军，70—71

goal setting，目标设定，99 — 116；Crown Quadrangle and，克朗方庭，102；as deanof Stanford Law School，斯坦福大学法学院院长，100—102；distractions from goals，从目标上分散注意力，132；forest fire parable，森林大火寓言，115；Gateways Hospital and Mental Health Center，通路医院和心理健康中心，112—113；gay rights activist's challenges and，活跃的印度同性恋权益保护者面临的挑战，111—112；hardships requiring clear，需要清洁的困难，111；IDCA and，国际发展合作署，124；Indiana University presidency and，印第安纳大学校长，129；Kauffman Fellows Program，考夫曼规划，108—110；as Legal Services Corporation president，作为法律服务公司总裁，103—108；minimum access plan，最低准入计划，103—105；support centers，援助中心，106；Tiraque village garbage disposal project，蒂拉克垃圾处理项目，114—116

Golden Acres Senior Center，金英亩老年中心，39—40

Gonzo，Harry，亨利·贡佐，129

Google Alerts，谷歌快讯，161

Gore，Al，阿尔·戈尔，31

government lawyers，public interest served by，为公众利益服务的政府律师，28—30

government service：federal government positions，政府服务：联邦政府职位，xvi；public interest served by politics and，政治和政府服务服务的公共利益，23；seeking positions in，在政府服务部门谋求职位，118；venture capital and，风险投资和政府服务，21

gratitude，感激，129；desire for，希图感激，117；difficulty in expressing，难以表达感激之情，143；expectations of，期待感激，118，123，128

Great Western Bank，大西银行，xviii

Green，Edith，伊迪丝·格林，107

Griswald，Erwin，欧文·格里斯沃德，107

Gulf of Tonkin，北部湾，46

Gumball Capital，糖果基金，154，155

H

Haas Center for Public Service，哈斯公共服务中心，16，87

Hackney, Lucy，露西·哈克尼，126

Hackney, Sheldon，谢尔登·哈克尼，125，126

Halloween Spooktacular，万圣节狂欢晚会，12—13，41；finding space for，为万圣节狂欢晚会寻找空地，53—54

Hand, Learned (judge)，利恩德·汉德（法官），6—8，9—11，44；aphorism on justice，关于正义的名言警句，76；sense of humor in，幽默感，9；Warren viewed by，沃伦，25

Hangman game，"吊死人"词汇游戏，15

Hanson, Marta，玛塔·汉森，54

Harriman, Averell，埃夫里尔·哈里曼，124

Harris, Joanna，乔安娜·哈里斯，109

Harvard Lampoon，《哈佛讽刺》，65

Harvard Law School，哈佛法学院，6，62

health screening project, for taxi drivers，针对出租车司机的健康推广计划，34—35

Henry Mayo Newhall Memorial Hospital，亨利·梅奥·纽荷尔纪念医院，72

Henry Murray Center at Radcliffe，拉德克利夫学院亨利·默里中心，136

Herbert Aptheker, et al v. The Secretary of State, 378 U.S. 500 (1964)，美国联邦最高法院审判的案件"赫伯特·阿普特克案"，30

Heston, Roxanne (VAMS member)，洛葛仙妮·赫斯顿（视觉艺术与音乐协会成员），71—72

Highly Gifted Magnet program，英才计划，11，68

high school：North Hollywood High School，高中：北好莱坞高中，69，161；Palo Alto High School，帕罗奥托高中，113；volunteers，志愿者，69—73

Himalayas, Delek Hospital in，位于喜马拉雅山山麓的德莱克医院，92—94，95

Hiss, Alger，阿尔杰·希斯，3—4

Hobbes, Thomas，托马斯·霍布斯；123

Holmes, Oliver Wendell，奥利弗·温德尔·霍姆斯，7，10

homeless people，无家可归的人，71—72

honesty, mentorship and，导师和诚信，1

Hoosiers for Higher Education，印第安纳人高等教育，130，150

Hornik, David，大卫·霍尼克，137

House Foreign Relations committee，众议院外交关系委员会，119

Hsia, Tim，蒂姆·夏，52

human rights，人权，121

human trafficking，人口贩卖，37—39

I

The Ice，冰块，33—34

IDCA. See International Development Cooperation Agency，IDCA，见美国国际发展合作署

Indiana Higher Education Commission，印第安纳高等教育委员会，128

Indiana University presidency，印第安纳大学校长，xv，xvi，126—128，129—130，135；basketball coach，篮球教练，132—134；bow tie insult，侮辱领结，133；Brand's succession，布兰德继任，

134；decision not to sanction Knight,
决定不处罚奈特，134；key goals focus
and, 主要目标，129；mistake admitted
during first year, 任职第一年犯的错，
128—129；Wells Scholarship Program,
威尔斯奖学金项目，131—132

In-Q-Tel, 因酷泰，21，110

Integrity, 正直，92

International Development Cooperation
Agency (IDCA), 美国国际发展合作
署，119—125；Carter's priorities for,
卡特优先考虑美国国际发展合作署，
120，124；Cocoa Cola and peanuts
anecdote, 可口可乐和坚果，124；human
rights priority of, 人权优先，121

international law 国际法，25

"International Legal Process" (Ehrlich/
Chayes), 《国际法律程序》（欧立希 /
蔡斯），28

J

Jackson, Carly (VAMS co-president),
卡莉·杰克逊（视觉艺术与音乐协会
联合主席），70—71

Janiak, Dan, 丹·简尼克，110

Javits, Jacob, 雅各布·贾维茨，119

Jen-Hsun Huang Engineering Center, 黄
仁勋工程中心，18

Jivasantikarn, Kittiprapha ("Job"), 基
蒂不拉法·"乔布"·吉瓦森提卡恩，
18—19

Johnson, Lyndon Baines, 林登·贝恩斯·
约翰逊，xiii, xvi；Ball's withdrawal
plan presented to, 鲍尔撤军计划，47；
Legal Services Corporation and, 法律
服务公司，77，78；Vietnam War plans

presented to, 越南战争计划，46，47；
War On Poverty, 向贫困开战，77，100，
105；Warren Commission, 沃伦委员会，
29—30

Jordan, Hamilton, 汉密尔顿·乔丹，124

J.P. Morgan Chase, 摩根大通银行，xviii

K

Kahne, Joseph, 约瑟夫·克内，150

Kauffman Fellows Program, 考夫曼规划，
108—110

Kennedy, John F., 约翰·菲茨杰拉德·
肯尼迪，xiii, xvi, 2, 29, 64；inaugural
speech, 就职演讲，65；quarantine of
Cuba by, 隔离古巴，25—26

Kennedy, Robert F., 罗伯特·弗朗西
斯·肯尼迪，26

Kerr, Clark, 克拉克·克尔，149

Kiefer, Travis (micro-donations project),
特拉维斯·基弗（小额捐赠项目），
154，155

Kirkpatrik, James J., 詹姆斯·科克帕里
克，80，81

Klausman, Michael (CBS Studio Center),
迈克尔·克劳斯曼哥（伦比亚广播公
司演播中心），53—54，116

Kleiner Perkins Caufield and Byers, 凯鹏
华盈，20

Knight, Bob (basketball coach), 鲍勃·
奈特（篮球教练），132—134

Kosnik, Tom, 托马斯·考斯尼，137，138

Kresge Foundation, 克雷斯基基金会，102

Kunkle Divine, Emma, 艾玛·孔克尔·
迪维安，116

L

Lam，Sumat，苏门答腊·林，112

lawyers：Alaskan legal-service，律师：阿拉斯加法律服务律师，108；government，政府律师，28—30；poor people's access to private，穷人接触私人律师，105；ratio of poor people to available，穷人接触律师的比率，103

Lee，Patrick（Stanford teacher），帕特里克·李（斯坦福大学教师），16，88

Legal Services Corporation：crossroads decision at，法律服务公司：在每个岔路口上作出决定，79—83；fund allocation goals and rationale，筹集资金目标和理由，105—106；funding for，为法律服务公司筹集资金，78，79，105—106；goal setting as president of，作为法律服务公司总裁设定目标，103—108；golden years of，法律服务公司的黄金时期，107；Johnson and，约翰逊和法律服务公司，75，78；minimum access plan，最低准入计划，103—105；political opposition to，与法律服务公司政治对立，77；support centers 援助中心，106；Thurman as board member，瑟曼作为法律服务公司董事会成员，78

Levinson，Meira，梅拉·莱文森，148

Liberty University，利伯缇大学，14

Ligaya（Visayan worker），利嘉雅（维萨扬论坛工作人员），37，38—39

Liskon，John，约翰·利斯科，109

Los Angeles Bar Association，洛杉矶律师协会，118

Louie，Gilman，吉尔曼·路易，20，21

Lowenfeld，Andreas，德烈亚斯·洛文费尔德，28

M

MacMillan（Prime Minister），麦克米兰（首相），83

Mali，马里，122

Manning，Bayless（former dean at Stanford Law School），贝勒斯·曼宁（斯坦福大学法学院前任院长），100

Markarios（archbishop），马卡里奥斯（大主教），84—85

Mason，Thomas Adolphus，托马斯·阿道夫·梅森，63

McCarthy，Joseph，约瑟夫·麦卡锡，3，42

McCullough，Michael（Delek Hospital doctor），迈克尔·麦卡洛（德莱克医院医生），94—95

McKinsey and Company，麦肯锡公司，91

McNamara，Robert：moral leadership of Rusk and，罗伯特·麦克纳马拉：腊斯克和麦克纳马拉的道德领导力，84；Vietnam decision of，麦克纳马拉关于越南战争的决定，46，47—48；World Bank success of，麦克纳马拉在世界银行任职，48

measurement，测量，160—162；qualitative，定性测量，160，161；quantitative indicators，定量指标，160

Meeker，Leonard，伦纳德·米克，25—26

Mehaffy，George，乔治·梅哈菲，148

mentors and mentorship，导师和导师制度，xiv，1—22；examples of，例子，1；finding mentor，寻找导师，22；flaws not a deterrent to mentorship，瑕

疵并不能阻碍导师制度，4；honesty quality in，诚信品质，1；mentees challenged by，受指导者被挑战，18；

multiple dimensionality in，多维度，9；parents as，父母作为导师，1—2，3—5；teachers as，教师作为导师，5；trust and openness in，信任和正直，14—16；See also specific people，见特殊的人

Meredith, Kim，金姆·梅雷迪思，21

micro-donations project，小额捐赠项目，154，155

middle school environment，中学环境，68

Mills College，密尔斯学院，xvii

minimum access plan，最低准入计划，103—105，106

Mo, Kevin (SAPHOP volunteer)，凯文·莫（斯坦福大学的南亚预防性健康推广计划志愿者），34—35，157

Modern English Usage (Foeler)，《福勒现代英语惯用法》，44

Mohr Davidow Venture，莫尔达维公司，142

Monet, Jean，让·莫奈，45

Moore, Julia (Stanford director)，朱莉娅·摩尔（斯坦福大学经济发展与革新协会副主席），109

morality：moral absolutes，道德：道德的绝对性，10—11；natural 自然道德，10

moral leadership, anecdotes and examples of，道德领袖的轶事和例子，75—97；Boys and Girls Club bleacher-building project，男生女生俱乐部露天座位建造工程，96—97；law firm assignment and mistake，法律公司分配和错误，85—86；Legal Services Corporation

crossroads decision，法律服务公司交叉路口选择，79—83；Neiman's College Spring success and，内曼继任"大学春天"，90—92；nuclear missile sales and negotiations incident，核导弹出售和协商事件，83—84；private morality and，个人道德，75；qualities representing，品质代表，76，92，97；of Rusk and McNamara，腊斯克和麦克纳马拉，84；secret recording of nuclear missile negotiations，协商核导弹的秘密录音，83—84；Student Services Division revival，学生服务部，86—88；test for moral actions，道德行为检验，82；Ung's mantra for，翁的口头禅，89

Mote Marine Laboratory，摩太海洋实验室，51

mother (Tom's)，托马斯的母亲，3—4，5；iron taken by Tom for movie admission，托马斯为看电影而拿走的熨斗，60—61

motives for civic work engagements，公民参与动机，59—73；altruism and，利他主义，23，62；CSF community service hours requirement，加利福尼亚奖学金联盟社团要求一定数量服务时间，73；scrap ironfor movie theater anecdote，电影院废铁事件，60—61；Tom's early civic career choices as example of，托马斯早期公民工作选择事例，62—67；VAMS high school volunteers experiences and，视觉艺术与音乐协会高中志愿服务经历，69—73

music performances. See Visual Arts and Music for Society，音乐表演，见视觉

艺术与音乐协会

N

Nader, Ralph, 拉尔夫·纳德, 31

National Security Agency, 国家安全局, 21

National Youth Summit, 国家青年峰会, 52

Neckels, Bruce, 布鲁斯·耐克莱特, 116

Neiman, Garrett, 加勒特·内曼, 90—92

Nelson, Allante, 奥兰托·尼尔森, 139

New York Herald Tribune,《纽约先驱论坛报》, 18

New York Legal Aid Society, 纽约法律援助协会, 76

Nguyen, Anh, 安·阮, 109

Nigeria, 尼日利亚, 6, 124

Nixon Richard, 理查德·尼克松, 3, 77, 78, 79

No Citizen Left Behind,《不让一个公民掉队》(莱文森), 148

Non Sib, 利他, 59

North Hollywood High School, 北好莱坞高中, 69, 161

Northridge Recreation Center, 北部休闲中心, 53

nuclear missile sales, negotiations with UK on, 核导弹出售, 与英国协商, 83—84

O

OAS. See Organization of American States, OAS, 见美洲国际组织

Obama, Barack, 巴拉克·奥巴马, 30—31

O'Conner, Sandra Day (justice), 桑德拉·戴·奥康纳, 149

Office of Economic Opportunity, 经济机会办公室, 78, 80, 103

Office of Price Administration, 物价管理局, xiii, 5, 60

O'Grady, Crystal (Stanford student/former foster-care youth), 科瑞斯特·奥格雷迪(斯坦福大学学生/前寄养少年), 17

Old Union, 联盟广场, 22

Ontiveros, Armand, 阿曼德·翁蒂韦罗斯, 159

openness, in mentors, 正直, 导师, 14—16

Options paper, 选择卡, 122

Organization of American States (OAS), 美洲国际组织, 26

Orr, Robert, 罗伯特·奥尔, 127

Ortique, Revius (judge), 莱维斯·奥蒂克(法官), 80, 82

Ortiz, Luis (volunteer recruiter), 路易斯·奥尔蒂斯, 33—34

Oswald, Lee Harvey, 李·哈维·奥斯瓦尔德, 29

Owen Henry, 亨利·欧文, 122

P

Palo Alto High School. See also East Palo Alto community, 帕罗奥托高中, 113, 见东帕罗奥托社区

Panama Canal case, 巴拿马运河案件, 28

parable, forest fire, 森林大火寓言, 115

Para Los Ninos, 帕拉·洛斯·尼芙欧斯, 70—71

parents, as mentors, 父母作为导师, 1—2, 3—5

"Participatory Politics: New Media and Youth Political Action","参与政治：

新媒体和青年政治行动", 150

partisan politics, public interest served by, 党派政治, 公共政策, 32—33

Peace Corps in Nigeria, 尼日利亚和平部队, 6

philanthropy, 慈善, 21; venture capital and, 风险投资, 20; Wells Scholars course on, 威尔斯奖学金获得者, 132

Philips Exeter Academy, 飞利浦·埃克塞特学院, 6

Phoenix Scholars, 菲尼克斯学会, 39

Plummer, James, 詹姆斯·普拉姆, 137

policy writing position, 政策撰写职位, 43—44

political encouragement: definition of, 政治参与: 政治参与的定义, 147; of youth 年轻人政治参与, xx—xxi

politicians, fighting for presidency by, 政治家, 进行总统竞选, xv

politics: academia clash with, 学术与政治相冲突, 129; public interest served by partisan, 党派服务的公共政策, 32—33

Pollaiuolo (Renaissance artist), 波拉约洛（文艺复兴艺术家）, 3

poverty: Johnson's War On Poverty, 贫困: 约翰逊总统向贫困开战, 77, 100, 105; learning about, 学习, 123; legal services for poor people, 为穷人设置的法律服务, 103—108; ratio of poor people to available lawyers, 穷人接触律师的比率, 103

Powell, Jodie, 乔迪·鲍威尔, 124

A Practical Guide to Effective Writing, 《高效写作实用指南》, 44

private sector, goal of, 私营部门的目标, 99

"Problems of Citizenship", "公民权利的问题", 162

profit, private sector goal of, 私营部门的营利目标, 99

public education, founding for, 为公共教育筹集资金, 149—150, 162

public interest, 公共利益, 23—40; Aptheker case, 阿普特克案件, 30; broad umbrella of, 公众利益看成是一把宽大的伞, 32—33; Cuban Missile Crisis and, 古巴导弹危机, 25; government lawyers as serving, 政府律师服务于, 28—30; government service and politics serving, 政府服务和政治服务, 23; meaning and focus of, 公共利益意义和焦点, 23—24; politics as serving, 党派政治服务公共利益, 32—33; Vietnam and World Bank examples, 越南和世界银行事例, 48

public opinion, 公共建议, 156

public policy: digital media and, 公共政策: 数字媒体, 153; policy writing position 政策撰写职位, 43—44; Vietnam War and 越南战争, 28

Putnam, Robert, 罗伯特·帕特南, xx

Q

quantitative indicators, 量化指标, 160

R

Rachel (middle-school girl using marijuana), 瑞秋（吸食大麻的中学女生）, 68

Radcliffe College, 拉德克利夫学院, xv, 136

Randolph, Shaun (youth director), 肖恩·兰多夫（青年主管），14—16

Random Acts of Kindness workshop, "随机的善意行为"讨论会，54—55

Reagan, Ronald, 罗纳多·里根，125

Red Cross, 红十字会，62

Reich, Rob, 罗布·赖希，156，161

reporters, 记者，45

Rio Treaty, 里约条约，26，27

Robinson, Edgar Eugene, 埃德加·尤金·罗宾逊，162

Rodriguez, Chris (teacher/mentor), 克里斯·罗德里格斯（教师 / 导师），2，11—13

Roosevelt, Theodore, 西奥多·罗斯福，18

Rusk, Dean, 迪恩·腊斯克，46，46—47；moral leadership exhibited by, 展现出的道德领导力，84

Russell, Sean (State Farm YAB), 肖恩·罗素（国家农场青年咨询理事会），50—52；

Stow It—Don't Throw It project, "收藏起来——别扔掉它"活动，51—52

S

Saltonstall, William (principal), 威廉·索顿斯托尔（校长），6

Salvation Army, 救世军，116

San Francisco State University, 洛杉矶州立大学，135

SAPHOP. See South Asian Preventive Health Outreach Program SAPHOP, 见南亚预防性健康推广计划

SAT preparatory course, 高考辅导课程，90

Schladen, Jasmine, 嘉思明·斯克莱登，xix

School of Engineering, 工程学院，xix

Schwartz, Abba, 巴·舒瓦茨，42—43

scrap iron anecdote, 熨斗轶事，60—61

Second Circuit Court of Appeals, 第二巡回上诉法院，xvi

SEE College Prep. See college Spring selflessness SEE College Prep., 见大学春天 selflessness, 无私，76，88，90

Senate Internal Security Subcommittee, 参议院国内安全小组委员会，43

senior centers, VAMS visits to, 视觉艺术与音乐协会拜访老年中心，35—37，39—40

Shriner's Hospital for Children, 施瑞德儿童医院，139，140—141

Shulman, Lee, 李·舒尔曼，136

Silicon Valley, 硅谷，17，138

Singal, Vineet (bone-marrow drive volunteer), 维尼特·辛格，157

social media：Cause an Effect project using, 社会媒体：产生影响项目，152—153；collaboration and debate through, 合作与争辩，156—157；definition, 定义，151；VAMS volunteers recruiting through, 视觉艺术与音乐协会招募新会员，158—159

Society of Jobbists, 行家里手，7，8

SoftTech VC, 种子投资公司，138

Some Do Care：Contemporary Lives of Moral Commitment (Colby), 《真心关怀：道德承诺的当代呈现》（科尔比），136

South Asian Preventive Health Outreach Program (SAPHOP), 南亚预防性健康推广计划（SAPHOP），34—35

South Vietnam, 越南共和国，45，85

Spotlight，聚光灯，15—16

SSD. See Student Services Division SSD，
　见学生服务部

Stanford, Jane，简·斯坦福，162，163

Stanford, Leland，利兰·斯坦福，162，
　163

Stanford Concert Network，斯坦福音乐
　会网络，88

Stanford Hospital and Clinics，斯坦福大
　学医院和门诊，20

Stanford Institute for Innovation in
　Developing Economies，斯坦福大学经
　济发展与革新协会，109

Stanford Law School：accomplishments as
　dean of，斯坦福大学法学院：作为法
　学院院长所作出的业绩，76；curricu-
　lum overhaul 课程改革，100；endo-
　wed professorships 聘请教授，101，
　102；first teaching job at，在法学院
　第一次开展教学工作，67；fund raising
　campaign for new buildings，为法学院
　的新教学楼筹集到足够的捐款，101—
　102

Stanford Medical Youth Science Program，
　斯坦福大学青年医疗科学项目，95

Stanford Students for Queer Liberation，
　斯坦福大学学生同性恋解放组织，
　111—112

Stanford University：Board of Trustees，
　斯坦福大学：斯坦福大学理事会，
　49—50；Center on Philanthropy and
　Civil Society，慈善事业和文明社会
　中心，21；Committee on Land and
　Buildings，学校土地和建筑协会，49，
　50；Conner's Bolivia experience，康纳
　在玻利维亚的经历，114—116；focus

group at Old Union，联盟广场小组焦
　点，22；Haas Center 哈斯中心，16；Jen-
　Hsun Huang Engineering Center，黄仁
　勋工程中心，18；Old Union，联盟广
　场，22；Student Services Division，学生
　服务部，86—88，137；tutoring program，
　家教项目，16；Wellness Room，健康
　室，86，87

State Farm® Youth Advisory Board
　(YAB)，国家农场公司青年咨询理事
　会，50—52，96，110—111；Cause an
　Effect project, measuring tools used by,
　"产生影响"项目，测量工具，152—
　153，161；satisfaction of fellow board
　member，理事会成员满意，139

Stevenson, Adlai，阿德莱·史蒂文森，
　27，64

Stoner, Dick，迪克·斯托纳，129

Stow It-Don't Throw It Project，"收藏起
　来——别扔掉它"活动，51—52

Strunk，斯特伦克，44

student government, Palo Alto High
　School，帕罗奥托高中学生会，113

student government, Stanford University,
　斯坦福大学学生会；criticism of，批
　判，86；detail focus in，焦点，49，50

Student Services Division (SSD)，学生服
　务部门，86—88，137

Subversive Activities Control Act，《颠覆
　活动管制法》，30

support centers, legal service，法律服务
　援助中心，106

Supreme Count, U.S.，美国最高法院，8

Sutter Hill Ventures，萨特山创投，20

索　引

T

Tan, Bryant (debate competitor), 比洋·唐（辩论对手），141—142

target audience, 支持者，153, 156

taxi drivers, health screening project for, 针对出租车司机的健康推广计划，34—35

teachers teachers: as mentors, 教师：教师作为导师，5；teaching career, 教学经历，63, 67；See also specific teachers, 见具体的教师

technology: combining traditional pedagogies with, 技术：与传统教学法结合，145, 149；cycles of new, 新技术循环，150；digital media, 数字媒体，151—153；disaster-relief, 减轻灾难，150；four-step plan for using, 四点计划，153—161；leveraging of, 影响，145—163

Un Techo para mi Pais, 祖国的屋顶，33—34

telephone tapping incident, 电话窃听事件，42—43

Teris game, 俄罗斯方块，13

Thurman, Sam (Legal Services Corporation board member), 山姆·瑟曼（法律服务公司董事会成员），78

Tibetan refugee, 难民，93—94

Tiraque village, 蒂拉克小镇，114—116

Tom. See Ehrlich, Tom, 托马斯，见托马斯·欧立希

Toy, Kailim (history teacher), 凯利姆·托依（历史教师），32

Trollope, Anthony, 安东尼·特罗洛普，75

Truman Harry, 哈里·杜鲁门，30

trust, 信任，14—16

Tubbs, Michael (Phoenix Scholars), 迈克尔·塔布斯（菲尼克斯学会创始人），39

Twitter, 推特，138, 157

tzedakah box, 慈善箱，62

U

Ung Eileen (SSD new deputy director), 艾琳·翁（学生服务部门新任副主席），88—89, 159

United Kingdom (UK), nuclear missile salesto, 向英国销售核导弹，83—84

United Nations Charter, 联邦宪法，26, 27

United States (U.S.): Ambassador for Brazil, 美国驻巴西大使，121；foreign policy, 对外政策，28, 45

United Way of American Board of Governors, 联邦理事会，xv

universities: California State University, 大学：加利福尼亚州立大学，135；Liberty University, 利伯缇大学，14；San Francisco State University, 旧金山州立大学，135；See also Indiana University presidency, 见印第安纳大学校长；Stanford University, 斯坦福大学

University of New Mexico, 新墨西哥州大学，133

University of Pennsylvania, 宾夕法尼亚大学，xvi；provost position at, 在宾夕法尼亚大学担任教务长，125—126

unruly children, label of, "不规矩的孩子"的评价，53

U.S. See United States, US 见美国

U.S. Court of Appeals, 美国上诉法院，107

U.S. Supreme Court，美国最高法院，8

V

Vaid-Menon, Alok，阿洛克·怀德－梅农，111—112，142

Valentine's Day Bingo Tournament，情人节宾果比赛，39—40，117

VAMS. See Visual Arts and Music for Society VAMS，见视觉艺术与音乐协会

Vance, Cyrus，赛勒斯·万斯，118—119，121

Vanity Fair，《名利场》，137

venture capital，风险投资，17—21；civic work mixed with，公民参与和风险投资结合，20；government service and，政府服务和风险投资，21；Kauffman Fellows，考夫曼成员，109；philanthropy and，慈善和风险投资，20；potential of，风险投资的潜力，21；youth involvement in，青年人参与风险投资，136—138. See also Alsop Louie Partners

Vichit-Vadakan, Viria，威立雅·维奇特－沃道－坎，18—19

Vietnam War：Ball's stance on South Vietnam，越南战争：鲍尔在越南共和国的立场，45，85；case against escalation，反对越南战争升级，46—47；as distraction from goals，从目标上转移注意力，132；dominoes view of，多米诺骨牌，46—47；Gulf of Tonkin，北部湾，46；Johnson and，约翰逊和越南战争，46—47；public interest and，公共利益和越南战争，48；public policy and，公共政策和越南战争，28；reasons for escalating，越南战争升级原因，100；secret documents and

projects related to，与越南战争有关的秘密文件和计划，46—48；top-secret withdrawal plan，最高机密撤军计划，47

Visayan Forum Foundation，维萨扬论坛基金会，37—39

Visual Arts and Music for Society (VAMS)，视觉艺术与音乐协会（VAMS），xviii；burgeoning membership of，会员增加，13；challenges in starting，创建视觉艺术与音乐协会所面临的挑战，113；civic work motivations in，公民参与动机，69—71；co-president of，视觉艺术与音乐协会联合主席，69—70；CSF and 加利福尼亚奖学金联盟社团，73；Gateways Hospital and Mental Health Center visits by 通路医院和心理健康中心，112—113；Halloween Spooktacular，万圣节狂欢晚会，12—13，42，53—54；high school volunteers 高中志愿者，69—73；Rodriguez's role in，罗德里格斯在视觉艺术与音乐协会中的角色，2，11—13；senior enter visits，拜访老年中心，35—37；Shriner's Hospital for Children visits，拜访施瑞德儿童医院，139，140—141；social media use for recruiting volunteers，用来招募志愿者的社会媒体，158—159；Valentine's Day Bingo Tournament，情人节宾果比赛，39—40，117；Youth Leadership Seminar at UCLA，加州大学洛杉矶分校青年领袖研讨会，56—57

W

War On Poverty，向贫困开战，77，105；

Vietnam War and，越南战争和向贫困开战，100

Warren，Earl (justice)，厄尔·沃伦（大法官），10，24，25

Warren Commission，沃伦委员会，29—30

Waterman Sterry，斯特里·沃特曼，8

Wellness Room，健康室，86，87

Wells，Herman B，赫尔曼·B.威尔斯，130—132

Wells Scholarship Program，威尔斯奖学金规划，131—132

Westmoreland William，威廉·威斯特摩兰，46

White，Byron，拜伦·怀特，80，81

White，E. B.，E. B. 怀特，44

Williams，Evan (Twitter co-founder)，伊万·威廉姆斯（推特的合伙创始人），138

Wirth，Alex (State Farm YAB member)，亚历克斯·维尔特（国家农场公司青年咨询理事会成员），52，153

World Bank，世界银行，48

World War Ⅱ，第二次世界大战，60—61

Worthington，Leah (student-government leader)，莉亚沃·辛顿（学生会负责人），113

Y

YAB. See State Farm® Youth Advisory Board，YAB，见国家农场公司青年咨询理事会成员

Yahoo，雅虎，18

Yang，Jerry，杨致远，18

Yom Kippur，赎罪日，129

youth：Center for Talented Youth，青年人：杰出青年中心，71—72；political participation of，青年人的政治参与，xx—xxi；as primary focus，青年人作为首要焦点，xxi；senior entrepreneurs view of young entrepreneurs，资深企业家看待青年企业家，17—137；teaching entrepreneurship to，教青年人创业，17，137—138；youth civic engagement：increase of，青年人的公民参与：增加，xxi；priority and importance，优先权和重要性，xi

Youth Leadership Seminar at UCLA，VAMS，加州大学洛杉矶分校"如何成为视觉艺术与音乐协会青年领袖"研讨会，56—57

Youth Service America，美国青年服务，52

译 后 记

托马斯·欧立希教授是美国公民教育领域的顶尖学者。为了铭记他对公民教育领域所作出的巨大贡献，美国将"公民参与教师奖"以他的名字命名。作为一名公民，托马斯·欧立希在政治与社会的双重领域践行着公民参与；作为一位学者，他终生致力于公民教育研究。他的公民教育思想兼具政治性与社会性，为我们开展中美公民教育比较研究的合理性与合法性提供了重要的理论依据。

本书第一译者蒋菲于 2010 年 10 月与托马斯·欧立希教授相识于美国斯坦福大学教育学院。当时，蒋菲正在斯坦福大学进行为期两年的联合培养博士学习。由于同他的研究方向相似，蒋菲的美国导师——斯坦福大学青少年中心主任威廉·戴蒙教授便引荐他们相识。起初蒋菲并不知道眼前这位修长、慈爱、满头白发的老教授曾经担任过美国高校校长联盟的首任主席、印第安纳大学校长、由参议院任命的美国国际发展与合作部首位主任以及直接向卡特总统汇报的美国国家法律服务公司首任主席。但在共同的学习和合作研究过程中，托马斯·欧立希教授无时无刻不让蒋菲感受到他的渊博、智慧、平易、风趣、善良与体贴。与他的学术交流，极大地拓宽了蒋菲的研究视野，为她的博士论文选题和写作奠定了重要基础；他对于道德教育与公民教育研究方法的独特见解，也使蒋菲经常有茅塞顿开之感。

经过两年之久的交往与学术交流，蒋菲和托马斯·欧立希教授之间建立了深厚的友谊与信任。因此，当托马斯·欧立希教授确切知道他的最新力作《公民参与 公民教育——两代人对公共服务的反思》将于 2013 年 6 月 27 日在美国公开出版时，他于 5 月 29 日给蒋菲发了一封电子邮件，征询她该书在美国正式出版之后，是否可以将其译成汉语，并在中国国内公开出版。由于在与托马斯·欧立希教授两年的交往过程中，蒋菲见证了他为该书的写作所投入的巨大精力，并同他针对该书中一些问题的文化特殊性专门进行过深入的讨论，蒋菲深知此书的学术价值，以及它对于公民教育理论研究和实践规划的指导意义。更为重要的是，该书对于开展中美公民教育比较研究具有重要的理论意义和实践意义，推出该书中文译本，可以使我国的科研人员、教师、辅导员、广大学生以及其他相关人士有机会阅读和了解托马斯·欧立希教授的公民教育思想体系及实践经验。向单位主管领导汇报后，我们决定承担此项翻译工作。得知东北师范大学思想政治教育研究中心愿意承担此项工作，将该书翻译成汉语，托马斯·欧立希教授非常高兴。由于当时此书并未正式出版，他当即就将他与合著者欧内斯廷·付的写作手稿，寄给了远在中国的蒋菲。托马斯·欧立希教授对东北师范大学思想政治教育研究中心和中心教师的认可与信任，让我们非常感动。

初读此书，我们便一下子入了迷，仿佛孩童看着眼前美味的棒棒糖，恨不得一口气将它吞掉；但又担心一口气吞掉之后很长时间内不会再遇到如此吸引我们的好东西，因此又刻意逐字逐句，细细琢磨。为了追求信、达、雅的翻译效果，我们前后阅读此书不下十次，每一次都会有更多的体会与更深的领悟。以往阅读的关于公民参与和公民教育方面的书籍，往往都立足于理论逻辑，或充斥大量的实证研究数据，而本书却在托马斯·欧立希教授关于公民参与教育与实践的理论和逻辑框架下，运用大量其本人和本书的合著者欧内斯廷·付的亲身经历，以及他们所指导或了解的其他公民参与实践者的亲身经历，娓娓动人地讲述公民参与教育与公民参与实践的成功经验与失败教训。在阅读过程中，我们仿佛感到两位智者正在与我们对话，我们可以从文字中体会到书中人物在公民参与实践中所收获的认可、成长、成功的喜悦，也会在读到他们费尽周折却最终没有获得他人的理解或者没有完成既定目标时，感到深深的遗憾甚至沮丧。因此，对我们而言，此书的翻译过程亦是一个极佳的学习过程。通过阅读和翻译此书，我们对美国公民参与及公民教育的理论与实践有了更为深刻和生动的理解，也无时不在思索他们的经验及教训会给我们带来什么样的启示与借鉴。

本书在撰写过程中，两位作者紧紧围绕"如何成功地开展公民教育、促进积极、有效的公民参与"这一主题，从典范和导师在公民参与过程中的作用、公民参与应服务于公众利益的道德属性、公民参与应大局与细节并重、公民参与应具有复合性动机（既服务于社会公众，又有利于个体成长和个人目标的实现）、道德领导力这一公民参与的必要条件、公民参与的目标以及公民参与的回报（参与本身）这七个最主要维度，阐明了公民教育的主要方法，为公民教育的开展和公民参与实践的组织与领导指明了方向。在本书的最后一部分，两位作者着重强调了利用科学技术（特别是网络技术）进行公民参与将是公民参与的未来方向，体现出鲜明的时代性。本书的每一章都分为两个部分，由两位作者针对该章的主题分别撰写，体现出鲜明的跨年龄段的研究和分析视角。因此，处于任何年龄段的读者阅读本书，都会从中获得符合自身需要的启示。

在翻译本书的过程中，我们遇到了很多困难。托马斯·欧立希教授首先将公民参与定位于政治参与和社会参与两种形式，他本人又具有多年的美国联邦政府供职经历，先后直接效力于多位美国总统，因此托马斯·欧立希教授所撰写的部分包含了大量的政治事件与政治学术语，需要较好的政治学学术背景。欧内斯廷·付所撰写的部分涉及了大量的美国服务学习的理念与实践，重点介绍了其繁多的组织形式及运作方式，其中绝大多数我们闻所未闻。在此，特别感谢本书的两位作者对我们的帮助和信任。在翻译的过程中，我们与他们互通邮件百余次，他们非常详尽地为我们解决与解答了所遇到的问题与困惑，给了我们最强有力的支持，使我们得以最终完成本书的翻译工作。

我们特别感谢我们的导师——东北师范大学思想政治教育研究中心

译后记

主任杨晓慧教授。他的指导、鼓励与信任，给了我们机会与勇气去完成本书的翻译工作，使得我们最终有机会将自己的名字列于我们尊重和崇敬的托马斯·欧立希教授名字之下。此外，东北师范大学思想政治教育研究中心的研究生张宝予同学为本书的翻译做了很多基础性工作，为保证如期交稿作出了重要贡献。感谢东北师范大学思想政治教育研究中心思想政治教育比较研究团队的所有成员，我们共同进行的无数次翻译研讨，使本书的两位译者无论从专业知识到分析逻辑，都有了巨大的提升。最后，感谢人民出版社钟金铃编辑在审校过程中给予的意见和帮助，他严谨的工作态度、良好的专业素养使我们受益匪浅且深受感动。

本书的翻译虽已完稿，但由于两位译者的水平有限，书中一定存在疏漏之处，敬请读者原谅并不吝赐教。我们将感激不尽！

蒋 菲 高 地

2015 年 3 月于美国

责任编辑:钟金铃

封面设计:汪 莹

图书在版编目(CIP)数据

公民参与 公民教育:两代人对公共服务的反思/(美)欧立希,
　(美)付 著;蒋菲,高地 译. -北京:人民出版社,2015.12
(思想政治教育前沿译丛/杨晓慧主编)
ISBN 978 - 7 - 01 - 015024 - 6

Ⅰ.①公… Ⅱ.①欧…②付…③蒋…④高… Ⅲ.①社会服务-研究
　Ⅳ.①C916

中国版本图书馆 CIP 数据核字(2015)第 153978 号

公民参与 公民教育

GONGMIN CANYU GONGMIN JIAOYU

——两代人对公共服务的反思

[美]托马斯·欧立希 欧内斯廷·付 著 蒋菲 高地 译

人民出版社 出版发行
(100706 北京市东城区隆福寺街 99 号)

北京中科印刷有限公司印刷 新华书店经销

2015 年 12 月第 1 版 2015 年 12 月北京第 1 次印刷
开本:710 毫米×1000 毫米 1/16 印张:13.25
字数:180 千字

ISBN 978 - 7 - 01 - 015024 - 6 定价:32.00 元

邮购地址 100706 北京市东城区隆福寺街 99 号
人民东方图书销售中心 电话 (010)65250042 65289539